CORRIDA

COLLECTION
ROLF HEYNE

Für Manuel Díaz »El Cordobés« –
für die ersten Schritte im *Callejon*, für das Lachen,
das Verstehen und die aufrichtige Freundschaft.

CORRIDA

ANYA BARTELS-SUERMONDT

COLLECTION ROLF HEYNE

INHALT

ANYA BARTLES-SUERMONDT
Tauromagie — 6

DIEGO »EL CIGALA«
Toreo — 16

CAMPO – Auf dem Land — 20
PROF. PETER ENGLUND
Taurine — 34

PLAZA — 38
PETER VIERTEL
Fiesta nacional — 54

TORILES – Katakomben der Stiere — 56
KRISTIAN PETRI
Zimmer 209, Reina Victoria — 64

VISTIENDOSE DE LUCES – Ankleideritual — 68
FABIO CAPELLO
El mundo taurino — 80

ARENEROS — 82
PROF. HEINZ BERGGRUEN
König Midas — 92

PATIO — 94
PAUL SIMONON
London. El Paso. Madrid — 114

PASEILLO – Einzug der Matadores — 116
LORE MONNIG
»Las Bellas Artes« — 134

CAPOTE – Die ersten Passagen	136
ALBERT OSTERMAIER	
El toro triste	184
PICADORES	186
ANNE LINSEL	
Tauromaquia	196
BANDERILLEROS	198
NOEL J. CHANDLER	
Das Leben eines Taurino	224
TENDIDOS – Das Publikum	228
REINHOLD BECKMANN	
Der Augenblick davor oder die seltsame Lust am Tod in der Arena	240
BRINDIS & FAENA – Widmung & Kür	242
ATSUHIRO SHIMOYAMA »EL NIÑO DE SOL NACIENTE«	
El toro es mi vida	250
CAMPINO	
Blutrot	298
ESTOCADA – Todesstoß	310
WOLF REISER	
Die Meditationen des José Tomás	330
VUELTA – Ehrenrunde	334
ANHANG	346
Die Autoren	348
Danksagung	350
Impressum	352

Tauromagie

»Corrida« – ein Bildband über Stierkampf? Eigentlich führt das deutsche Wort »Stierkampf« auf den falschen Weg. Denn *corrida de toros* heißt soviel wie »Lauf der Stiere«, von Kampf hier also zunächst keine Spur. Auch sagt der Spanier: *Vamos a los toros* – »gehen wir zu den Stieren«, der *torero* ist in der Arena also zunächst nur der komplementäre Part. Der Stier und sein animalischer Habitus, der unvergleichliche Rhythmus in seinen kraftvollen Bewegungen, stehen im Mittelpunkt. Die Aufgabe des *toreros* ist die eines Choreographen – er muss versuchen, den Rhythmus des Tieres zu erkennen, mit ihm eine Einheit zu bilden, in tänzerischer Form eine Harmonie von Tier und Mensch zu schaffen, die Brillanz des Stieres, seine Kraft, Grazie und Eleganz zu zeigen. Gelingt ihm das, entsteht ein Kunstwerk voller Ästhetik, Schönheit, Leidenschaft, wie es auf keiner Bühne der Welt zu sehen ist. Bleibt die Sache mit dem Tod. Wir Menschen konsumieren den Tod gerne in Form eines Hollywood-Spektakels, neunzig Minuten Film auf Zelluloid gebannt, die man jeder Zeit mit der Stoptaste unterbrechen oder ganz ausblenden kann. Es ist die verständliche Angst eines jeden von uns Menschen, den Tod lieber als ferne, nicht reale Wahrheit wahrnehmen zu wollen. Der *torero* in der Arena stellt sich dieser tödlichen Wahrheit quasi nackt. Nun gibt es keinen plausiblen Grund, sein Leben auf diese Art zu riskieren und ein Tier zu töten, das geboren wurde um zu leben. Wobei dies millionenfach in jeder Sekunde auf der Welt geschieht. Dass der Tod ein integraler Bestandteil der traditionellen *corrida* ist, aber keinesfalls ihr zentrales Motiv, erschließt sich erst bei genauer Beobachtung in der Arena, bei Erfühlen und Erleben von Momenten, die atemberaubend seien können – etwa genau dann, wenn aus der gemeinsamen Ästhetik, der Verschmelzung von Stier und Mensch Kunst entsteht. Eines Tages sah ich einen blonden Rebellen in einer Arena – Manuel Díaz »El Cordobés«. Was er ausstrahlte, war eine Aura von unbedingtem kompromisslosen Sein. Das Glück im Leben zu tun, wofür er geboren scheint. Ein Glück, das er alleine unten in der Arena lebt und ausschließlich mit dem Stier teilt, den er in sein Tuch verführt – mit viel Mut, Liebe und einer ganz eigenen Sprache. Erst später erfuhr ich, was es mit dieser Sprache auf sich hatte. Ich lernte die Kunst der *tauromaquia* kennen, verfiel seiner *pureza*, seiner »Reinheit«, den mystischen Momentaufnahmen, der Magie und dem stillen Klang einer Passage: Ein *trincherazo* von Morante, ein *natural* von José Tomás, eine *veronica* von Curro Vázquez. Klingende, poetische Begriffe, deren Erklärung das Erleben nicht ersetzen und wenn überhaupt, nur Hintergründe aufzeigen, kann: Die *veronica* zum Beispiel, eine Figur mit der pinkfarbenen *capote*, trägt ihren Namen, weil die in dieser Passage ausgedrückte Bewegung derjenigen entsprechen soll, mit der die heilige Veronica Jesus mit dem Schweißtuch die Stirn abtupfte. Alles im Stierkampf hat eine Bedeutung und Historie, nichts ist zufällig. Die *corrida* folgt zudem strengen Regeln und einer definierten Liturgie. Zu Beginn verstand ich davon wenig, geschweige denn deren tieferen Sinn. Es waren jener Manuel und sein Team, die mich damals quasi an die Hand nahmen, an ihrer Seite in den *callejon*, den umlaufenden Gang in der Arena, schmuggelten und mich en passant einer halben neuen Welt vorstellten – die andere Hälfte musste ich mir selbst erobern. Langsam begann ich zu verstehen, warum die *toreros* tun, was sie tun müssen. Aber auch, was es heißt, sich einer Sache mit Leib und Seele auszuliefern. Geführt von einer aufkommenden inneren Überzeugung fuhr ich mit meiner Kamera im Gepäck zig-tausende Kilometer über staubige Landstraßen durch Spanien. Am Wegesrand die alten *bodegas* und *hostales* wie Fixsterne auf der taurinen Landkarte verzeichnet, wo man im fernsten Dorf schnell jeden Kellner oder Portier kennt. Und bald auch alle Gäste: Die *aficionados*, die *corrida*-Anhänger, eine Art mobile Familie, die nach ungeschriebenen Gesetzen immer gleiche Wege geht. Sie besteht aus sämtlichen sozialen Schichten und Nationalitäten. Das Einbeziehen und Respektieren eines jeden, der die *mundo taurino*, die Welt der Stiere, wahrhaftig betritt und lebt, spiegelt die Wertschätzung der Spanier für andere Kulturen und gleichzeitig den Stolz auf ihre Tradition, das eigene Land wieder.

Unter den Spaniern lernte ich nicht nur die Faszination für die *corrida* kennen. Ich erfuhr auch, dass Scheitern in und außerhalb der Arenen vorgesehen ist, dass man dafür geachtet und geschätzt wird, wer man ist und nicht, was man darstellt. Ich erfuhr die tiefere Lebensphilosophie dieses Landes, die Hingabe an die Schönheit des Lebens an sich, die sich in Spanien auf besondere Weise zeigt. Ein Sonnenuntergang scheint hier besonders glühend, ein *tinto de reserva* satt, ein Flamenco anrührend, der urspanische Frohsinn unantastbar: *No hay mal que por bien no venga* sagt ein Sprichwort – es gibt nichts Schlimmes, das sich nicht zum Guten wendet. Ich kämpfte mich hier auch durch eine angeblich verschlossene Männerwelt. Letztlich war diese Welt so wenig schwierig und mein Kampf schnell keiner mehr: Der spanische Macho ist im Allgemeinen authentisch, weil als Mann klar definiert, was sich unter anderem in seiner unbedingten Wertschätzung für Frauen wiederspiegelt. Die alte Schule hat er verinnerlicht – das gilt angesichts der alt-adeligen *duquessa* ebenso wie der kleinen Enkelin, die vom Großvater auf der Tribüne besonders galant verwöhnt wird. Unten bei den *toreros* durften sich offiziell nur einige akkreditierte Journalisten aufhalten. Und Frauen waren, als ich vor zehn Jahren den ersten *callejon* betrat, dort nicht gern gesehen. Als deutsche Fotografin, die dort plötzlich zwischen den Männern stand, erfuhr ich zunächst distanzierte Beobachtung, dann Anerkennung und schließlich Einbeziehen und familiäre Aufnahme. Die Menschen der *mundo taurino* sind es, die innerhalb und außerhalb der Arenen diese eigene Welt prägen und verzaubern: Es sind Künstler, Schuhputzer, Radioreporter, Banker, Schriftsteller, Impresarios, Bauchladenverkäufer, Bohemiens, Politiker, Dichter, Kioskbesitzer, Musiker, Arbeiter, Starlets, Pferdepfleger, Zigeuner, Schauspieler, Rentner, Maler, Priester, Weinbauer, Gewerkschafter, Cineasten ... Die *toreros* selbst, ihre *mozos*, die Degenträger und Helfer in den Katakomben – sie alle sind so faszinierend und facettenreich wie eine *corrida* selbst. Und das besondere dabei ist: Jeder kennt tatsächlich jeden, die Leidenschaft für die Stiere verbindet und vereint Menschen verschiedensten Ursprungs, sozialer Klassen, Generationen und Kulturen.

Ein paar möchte ich hier vorstellen. Da wäre zum Beispiel Paco Dorado, ein beeindruckender Andalusier von Ende Fünfzig. Er erzählte mir einmal, dass er seine erste Corrida mit ein paar Hühnern und einer Waschmaschine finanziert hat. »Schließlich hatten wir damals keinen Duro.« Ein Duro war zu Zeiten der Pesete das 5-Centimo-

Stück und nicht mal einen davon zu haben der Inbegriff von Armut. Paco Dorado ist heute einer der angesehensten Impresarios Spaniens, vergisst seine Herkunft jedoch nie. Dieser Mann ist einer der authentischen Romantiker in der *mundo taurino*, ein Bohemien, der lieber bei einer *corrida* Pleite geht, als den Nachmittag ohne gelebte Kunst zu füllen. »Es gab Winter, die zwanzig Monate gedauert haben«, sagt er über die harte Zeit, in der er sich mittellos durch die Arenen geschlagen hat, immer einen Whisky in der rechten Hand und seine Jacke über die linke Schulter geschmissen. Als ich ihm 1995 das erste Mal begegnete, hatte ich furchtbare Angst vor ihm. Eine furchenreiche Gesichtsarchitektur, scharfer Blick, fixierend und gefährlich, wie ich damals dachte – ein bisschen Henry Fonda in »Spiel mir das Lied von Tod«, heran reitend auf dem weißen Pferd, kurz vor dem Duell mit Charles Bronson. *El commandante*, wie er in Spanien liebevoll genannt wird, nahm mich erst nur widerwillig zur Kenntnis. Dann, fern spanischer Erde in Mexikos Puebla, ließ Paco die *capote de paseillo*, das kostbare Cape seines *toreros*, an meinen Sitzplatz bringen, eine sehr persönliche Geste. Seitdem habe ich Dank ihm so manches Mal Einlass durch die Hintertür in eine Arena gefunden – der Andalusier Paco Dorado hat für vieles einen Schlüssel.

Oder Karine Pons, Anfang Dreißig, Französin und nicht besonders an dieser Tatsache interessiert. Ihr Herz schlägt seit Jahren spanisch und dabei wird es immer bleiben. An einem glühenden Sommertag in der Königsstadt Aranjuez, wo man in der uralten Arena mit den Knien am Kinn sitzt, fanden wir uns hinter dem bekannten TV-Journalisten Baltasar Magro platziert. Magro, obschon Spanier, sah seinem ersten Stierkampf entgegen und versuchte, sich eingepfercht auf einem Viertel-Quadratmeter, einzurichten. Karine sprach ihn sofort an und forderte ihn auf, doch einmal einen Film über Stiere zu machen und dabei gleich die Fotos ihrer Freundin mit einzubeziehen. So geschehen, öffneten sich dank einer Französin auch die letzten spanischen Türen der Arenen für eine Deutsche. Mit Karine, der ich 1996 in der Arena von Guadalajara zum ersten Mal begegnet war, teile ich seit jenem Nachmittag ein Meer von Erlebnissen: Tausende Kilometer spanischer carreteras gefahren, haben dabei auf Lautstärke zehn Joaquin Sabinas »La Magdalena«, Niña Pastoris »Cadiz« oder Diego Ciagalas »Lagrimas Negras« mitgesungen. Aus zig Polizeikontrollen wegen überhöhter Geschwindigkeit sind wir mit zwei Paar Augenaufschlägen und dem Runterrasseln der Besetzung der bevorstehenden *corrida* rausgekommen; einen schweren Autounfall haben wir gemeinsam überlebt, ungezählte Male im Restaurant Viña P die *Gambas al ajillo* bestellt und mit gut gekühltem *barbadillo* runtergespült. In der Arena schweigen wir gemeinsam, uns reißt es im selben Moment aus Begeisterung von den Sitzkissen und unsere Olés schallen synchron – es gibt keinen Menschen, mit dem ich lieber eine *corrida* teile als mit Karine. Die Eintrittskarten dafür bekommen wir nicht selten von Ernesto Higueras y Lucientes. Ernesto ist eine elegante Erscheinung. In seinem Pass ist sein Geburtsjahr mit 1928 notiert, eine Laune, so scheint es, der Natur. Wie er so daherkommt mit seinem jungen vitalen Gang und der sonoren Stimme, immer mit Weste und Bügelfalte angetan, möchte man ihn respektvoll »Don Ernesto« nennen. Ernesto ist ein Urenkel con Francisco Goya y Lucientes. Der große spanische Maler wohnte Ende des 18. Jahrhunderts in meiner Straße in Madrids Altstadt gleich gegenüber, Hausnummer Nr. 6. In die Nr. 3 schickt Ernesto jetzt seinen Neffen, wenn er von mir wieder mal einen Anruf erhalten hat: »Don Ernesto, haben Sie noch irgendeine Karte?« Manchmal überlässt er mir sogar seine eigene – Abonnement in der Madrider *plaza*, bester

Block, Reihe drei. Wieviel? Egal! Ernesto lebt nicht vom Schwarzmarkt und manchmal denke ich, er lebt ausschließlich von seiner inneren Kraft annähernd achtzig zufriedener Jahre und dem Privileg, ein glücklicher Spanier zu sein. Der Schwede Tom Kallene, gerade einmal halb so alt wie Don Ernesto, stammt von einer winzig kleinen Insel, Källö-Knippla, nahe Stockholms. Fragt ihn ein spanischer Taxifahrer nach seinem Ursprung, antwortet er – der komplizierten geographischen Erklärung längst müde – neuerdings freundlich und ohne zu zögern mit »Cadiz«. Während fünf Generationen der Familie als Fischer arbeiteten, legte Tom die Angel früh beiseite, verdingte sich als Cowboy in Texas, landete bei einem spanischen Verlag und bahnt sich heute als Radiomoderator seinen Weg durchs madrilenische Leben, immer eine gute Zigarre und einen Jack Daniels zur Hand. Seine nordischen zwei Meter manövriert er mit einem eigentümlichen Gang und leicht hinkend durch die Welt – Folge einer taurinen Verletzung, die er nicht ohne Stolz trägt: Ein Stier hat ihn vor Jahren in Pamplona derart brachial gegen eine Mauer geschleudert, dass Tom sich mit gebrochener Hüfte in der Notaufnahme wieder fand. Die verheilte so lala und hat heute ihren praktischen Wert bei Wettervorhersagen: »Gibt Umschwung!«, informiert der Schwede dann knapp, wenn er plötzlich nicht mehr ohne Hilfe aus dem Sitz kommt. Wir lernten uns vor mehr als einem Jahrzehnt an der Bar 8 in der madrilenischen Arena Las Ventas kennen. Toms Abonnement in Las Ventas ist Tradition und eine der wenigen Konstanten in seinem turbulenten Leben. Nichts ist für ewig, Toms Abonnement bleibt: Tendido 6, Grada Delantera. *Hasta siempre.* Von unseren Plätzen im Tendido 6 sehen wir oft Gonzalito unten im *callejon* der Plaza agieren. Gonzalito, Ende 60, ist ein Original in der taurinen Welt. Ein kleiner runder Spanier auf dünnen Kinderbeinen, immer in tadellosem Anzug gekleidet, im Sommer in blütenweißem klassischen Guayabera-Hemd, das die Herren von Welt hier statt eines Jackets tragen, wenn die Hitze unerträglich wird. Gonzalito trug ansonsten als *mozo de espada* Jahrzehnte für den großen Curro Romero die Degen und pflegte dessen Anzüge, die *trajes de luces.* Irgendwann trat Curro Romero still und leise zurück und Gonzalito in eine neue Phase seines Lebens ein. Die begann er zunächst mit einem Herzanfall, von dem er sich aber ebenso schnell erholte wie andere von einem Rioja-Rausch. Mein Anruf im Krankenhaus nach Dreitagesfrist ergab, dass Gonzalito, aufrecht im Krankenbett sitzend, mit Notizen zum *corrida*-Kalender beschäftigt war. Immerhin konnte ich ihm während dieses Gesprächs den Wunsch an sein fragiles Herz legen, mit dem Rauchen aufzuhören und die *aperitivos* auf ein gesundes Maß zu beschränken. Nun mitunter unserem *torero*-Freund Francisco Espla als Assistent dienlich, ist Gonzalito heute hier, morgen da und einfach überall zu finden – und verzaubert dabei mit einem wahren Bauchladen an Angeboten: »Hör mal, *mi niño*« heißt es dann – er kneift einem dazu gerne in die Wange –, »wenn du eine Eintrittskarte brauchst, oder einen guten Schinken, die Telefonnummer von Pepito oder einen guten Wein – frag mich, ich organisiere alles! Sprichts und kümmert sich auch gleich noch um zugereiste Freunde.

Zum Beispiel um Karten für Paul Simonon: Der 51-jährige Brite tauchte plötzlich vor vier Jahren in Madrid auf. Als Schwester meines Bruders Boris wurde ich von Kindesbeinen an mit Punk-Musik beschallt, Paul Simonon war eines der Idole einer ganzen Generation. Paul bekam damals in London von Joe Strummer ungefragt eine Gitarre in die Hand gedrückt; dann einen Bass, der hatte weniger Saiten ... Schnell lernte Paul virtuos, diesen Bass zu spielen und auch, ihn mitunter auf der Bühne zu zertrümmern. Seine Musik als Bassist der Kultband »The Clash« hat ihn berühmt gemacht. Aber Simonon und Stiere? Als ich ihn in Madrid traf, hatte er schon einige *corridas* gesehen und wir machten uns gemeinsam auf den Weg zur *plaza*, Paul mit seinem Skizzenblock unter dem Arm. Er ist der geborene Maler. Schon als Kind hatte er präzise seine kleine Welt um Londons Portobello Market im Bild festgehalten und später designte er die meisten Cover der »The Clash«-Alben. Auf der Tribüne begann er zu zeichnen, hatte mit drei, vier schnellen Kohlestrichen die dynamischen Bewegungen des Stiers skizziert. Er war »hooked«, die *toros* hatten ihn erobert und Kopf und Herz mit einer Flut von Bildern gefüllt. Seitdem reist Paul, wann immer er kann, für ein paar Tage aus London an. In Madrid verbringt er seine Zeit zu gleichen Teilen in der Arena, in einschlägigen Bars und im Museo del Prado. Dort sitzt er stundenlang alleine, studiert die Werke der großen Meister, die *tauromaquias* von Goya und Velazquez. Nach einer *corrida* des jungen *toreros* Alejandro Talavante in Almeria kehrten wir mit Freunden in der *mezquita* in Guarroman ein. Bei viel Paté, Wein und *irujo* saßen wir bis tief in die Nacht und schwelgten in der erlebten *corrida* während Paul noch im Morgengrauen mit einem Bleistift Stiere auf das Tischtuch zeichnete. Statt zu Bleistift oder Pinsel und Farbe greift José Maria Manzanares padre zur roten *muleta*: Manzanares, Anfang Fünfzig, ist ein Ausnahmekünstler unter den *toreros*, nun zurückgetreten und soeben von König Juan Carlos persönlich mit der *Medalla de Oro de las Bellas Artes*, der Medaille in Gold der schönen Künste, ausgezeichnet worden. Eine Nachtfahrt mit Manzanares bescherte mir mit einem taurinen Bild der besonderen Art einen der unvergesslichen Momente in Spanien. Nach einer seiner *corridas* fuhren wir durch die Castilla La Mancha von Albacete Richtung Madrid, hielten an einer winzigen Tankstelle am Straßenrand und sahen unter einer einzelnen baumelnden Glühbirne einen alten gebückten Mann stehen – der Tankwart. Der erkannte den Maestro-*torero* sofort, vergaß vor Ehrfurcht, Benzin nachzufüllen und erzählte, wie sehr er bedaure, Manzanares noch nie live in einer Arena gesehen zu haben. Manzanares zögerte nur kurz, nahm einen großen Lappen zur Hand, der in einem Eimer mit Bürsten neben der Zapfsäule lag und bat den greisen Herrn freundlich aber bestimmt, auf der »Tribüne«, dem Tankstellen-Bordstein, Platz zu nehmen. Was folgte war magisch: Manzanares führte in einer Art Privat-Audienz unter dem Lichtkegel der diffus scheinenden Glühbirne eine imaginäre *corrida* vor. Der Lappen wurde zur *muleta*, ihr weicher Schwung malte den nicht vorhandenen Stier in die Luft, der alte Mann und ich riefen unsere Olés in die schwarze stille Nacht und Manzanares verneigte sich zum Abschluss vor dem Tankwart – *¡Va por usted, Señor!* Die leuchtenden Augen des greisen Señores überstrahlen sicher heute noch die diffuse Glühbirne seiner kleinen Tankstelle. Manzanares live in der Arena? Für den Waliser Noel Chandler, Anfang Siebzig, seit Jahrzehnten ein Muss in seinem taurinen Kalender. Chandler ist Stier-, Wein- und Lebenskenner, ein wahrer Gentlemen, ein Tresor an Geschichten, ein wundervoller Koch, ebensolcher Freund und mindestens zur Hälfte aus iberischer Erde gemacht. Sein exzellenter Ruf als *encierro*-Läufer der *corrida*-Wochen San Fermin in Pamplona kommt nicht von ungefähr: So manche Narbe in seinem Gesicht zeugt von der Liebe seines Schutzengels, den er im heiligen San Fermin fand. Im Spätsommer fährt Noel jedes Jahr nach Ronda, zur traditionell zu Goyas Ehren zelebrierten »Goyesca«-*corrida*. In einem September nahm er mich mit. Auf den Serpentinen hoch nach Ronda sahen wir schon von weitem in der flimmernden Hitze den berühmten Felsen Tajo de Ronda. Oben angekommen, tranken wir im Schatten der Rainer Maria Rilke-Skulptur im Hotelgarten des Reina Victoria unseren rituellen *aperitivo.* Genau hier, erklärte mir Noel, hat Rilke monatelang im selbstgewählten Exil gesessen, seine schönsten Gedichte über Spanien und *corridas* geschrieben. Noel weiß auch zu erzählen, wie er in den fünfziger Jahren hier auf Orson Welles traf – beide verband eine tiefe Bewunderung für die *torero*-Legende Antonio Ordoñez, der aus Ronda stammte. Welles erschien trotz Gluthitze immer in schwarz und mit Hut, mit einer riesiger Havanna-Zigarre und seiner 16-mm-Kamera. Keinen Plan vom Film aber jeden vom Leben. Der große amerikanische Regisseur tat, als würde er arbeiten; in Wahrheit war er Spanien und den Stieren verfallen und nutzte seine Kamera als Alibi, um monatelang durch das Land reisen zu können. Seine Liebe für die *corridas* überlebte jede Endlichkeit: Orson Welles liegt, seinem letzten Wunsch folgend, im Brunnen der privaten Finca von Antonio Ordoñez in Ronda begraben. Noel Chandler begleitete Ordoñez über viele *temporadas,* sah dessen Sohn Paquirri aufwachsen und in Pozoblanco durch das mortale Horn von »Avispado« sterben und reist heute mit den Ordoñez Enkeln in der dritten Generation, Francisco Et Cayetano. Noel hat in der Innentasche seiner Anzugjacke immer einen mysteriösen Briefumschlag – in diesem befindet sich der Reichtum seiner kleinen großen Welt: Die Eintrittskarten, ein Heftchen mit der *corrida*-Besetzung, ein paar Scheine Bargeld, kleine Zettel mit eigenen Notizen zu den besten Restaurants und *bodegas* am Wegesrand, für die Pausen zwischendurch. Noels Briefumschlag, vergilbt, mit Tesafilm zusammengehalten, ist mir ein geliebtes Relikt geworden, Sinnbild einer anderen Zeit. Noels Textbeitrag in diesem Buch endet mit dem Satz »Can't wait to be on the road again«. Wir, die wir mit ihm »on the road« sein dürfen, werden es, über alle endlichen Zeiten hinaus, für immer sein!

Immer unterwegs in Sachen Stierkampf ist auch Antonio Corbacho, Mitte Fünfzig, *apoderado,* ein *torero*-Manager. Corbacho sieht aus, als ob er in seinem vorherigen Leben erfolgreich mit Teppichen gehandelt hat. Seine wachen Augen und markanten Gesichtszüge spiegeln Intensität, List, Klugheit und Güte wider. Er lebt in Sevilla, züchtet auch Schweine, redet nicht viel, aber wenn, dann auf den Punkt gebracht. Corbacho verfügt über einen scharfen Intellekt und freigeistige Philosophien. Das Leben selbst kommentiert er mit trockenem Humor, klarem Blick, bar jeder Diplomatie und voller Wahrheiten. Erzählen kann man ihm alles, Niederlagen setzt er existenzielle Ideen entgegen: »Die Kreuzwege sind dazu da, sie vom Innersten zu beschreiten, folge dem, was dein Herz dir vorgibt, sicher wirst du dich auch irren, aber wenigstens tust du dann, was du fühlst. Und das ist das Wichtigste im Leben!«

Spanier leben aus ihrer Leidenschaft heraus. Und sie werden in der Regel mit einer taurinen Seele geboren und die brennt: Als Anfang März diesen Jahres die so ersehnte Nachricht in die taurine Welt einbrach, dass der einzigartige Jahrhundert-*torero* José Tomás wieder in die Arenen zurückkehrt, überschlugen sich die Feuilletons; es hagelte Sonderseiten im Kulturteil von »El Pais« und »El Mundo«, Radio- und TV-Kanäle stellten sofort ihre Programme um – es war, als ob soeben Jesus Christus zweite Auferstehung angekündigt worden sei. Dass die Spanier *toros* und *toreros* lieben und die taurine Welt als wichtigen Bestandteil ihrer Kultur leben, ist hinlänglich bekannt. Aber was ist es, das die Liste all der *extranjeros,* der Ausländer, die der Corrida verfallen sind, beliebig lang fortsetzen lässt? Selbst durch den Münchner Schellingsalon in Schwabing ging nach sofortigem Durchkabeln der Wiederkehr José Tomás' ein Aufschrei der Begeisterung. Dort saßen fünf Bayern, integere, ernsthafte Persönlichkeiten, Männer mittleren Alters, die sich nun plötzlich vor Freude aufführten wie ein losgelassenes Rudel junger Hunde. Ähnliche Reaktionen auf José Tomás' Comeback wiederholten sich in den USA, in England, in Italien, in Schweden usw. Was macht all diese Nicht-Spanier so hingerissen von der *corrida?* Sind *corridas* Tradition, Kunst, archaisches Ritual? Inszeniertes Theater oder auch sakrale Stille? Hat ein Stierkämpfer nur Mut, kann er den überhaupt entwickeln für das was er tut, ohne Angst vorher zu spüren? Liegt in einer *corrida* Poesie? Wieso gibt es philosophische Abhandlungen und Gedichtbände über *corridas,* wieso ganze Gemäldezyklen? Ist der Zuschauer Zeuge eines Spektakels oder einer Kunstform, die es zu erleben gilt, um sie zu verstehen? Alle 15 internationalen Autoren der Texte in diesem Band bat ich, sich auf die Suche nach Antworten zu begeben, ihre Beiträge haben sie exklusiv für dieses Projekt geschrieben. Ihr Ansatz, ihr Alter und ihre Herkunft könnten unterschiedlicher nicht sein: Ein altehrwürdiger Freund von Picasso und großer Kunstsammler aus Berlin, ein ehemaliger Ballett-Tänzer und *torero* aus Tokio, das jüngste Mitglied der Nobelpreis-Akademie aus Stockholm, ein Drehbuchautor der goldenen Hollywoodjahre aus Amerika, ein nachdenklicher Punkrocker aus Düsseldorf, ein hochgehandelter Fußballtrainer aus Turin, ein Münchner Poet und Hausautor des Wiener Burgtheaters. Sie alle zeichnen in prosaischen und lyrischen Texten ihre sehr persönliche, kritische, ambivalente oder hingerissene Sichtweise auf die *mundo taurino.*

In meiner Fotografie möchte ich reflektieren, was die *corrida* für mich persönlich bedeutet: Kunst. Diese Kunst, die man nicht festhalten und erhalten kann, weil sie nach der Geburt stirbt – der Stierkämpfer zerstört sein Kunstwerk mit Beendigung der *corrida.* Was bleibt ist das Gefühl, etwas ganz Besonderem beigewohnt zu haben, das man in seinem ganzen Leben nicht mehr vergisst. Stierkampf berührt die Seele. So, wie mich bislang nur Musik berührte, etwa das Klavierspiel von Leonard Bernstein oder die Stimme Bob Dylans und der Klang seiner Harmonika. Es mag kein Zufall sein, dass der Autor des Prologs und damit exklusiven spanischen Beitrages in diesem Band ein leidenschaftlicher Musiker ist: Diego »El Cigala«, mehrfacher Grammy-Gewinner und gefeierter Flamencogott Spaniens. Cigala ist aus Passion gemacht, vom pechschwarzen Scheitel bis zur Sohle auf dem *tablao.* Auch wenn es pathetisch klingt: Cigalas Gesang ähnelt einer *corrida* im glühenden Abendrot, voller Farbenspiele, voller stiller und klangvoller Akkorde, voll symphonischer Intensität. Seine Seele liegt im Flamenco und in der *corrida* – zwei Welten die sehr nah, sehr verbunden sind

Dieser Band will den »Lauf der Stiere« nicht erklären sondern ergründen, was die besondere Faszination der *corrida* ausmacht. Und dies nicht aus dem eher selbstverständlichen Blickwinkel der Spanier, sondern aus einer besonderen, weil eher unerwarteten Sichtweise: Der von uns Ausländern, die wir uns in mysteriöser Weise von der *corrida* angezogen fühlen. Dieses Buch will darüber hinaus – und dieses persönliche Anliegen sei mir gestattet – eine Hommage an Spanien und die Spanier sein. An die Menschen dieses Landes, die mir viel mehr schenkten als ihre ganz eigene Welt: Spanien erinnert mich stets daran, dass man keinen Tag seines Lebens ohne Freude und Leidenschaft verbringen sollte.

DIEGO »EL CIGALA«

Toreo *»El toreo es el cante. Se torea como se canta; y se canta como se torea.«*

Toreo ist Musik. Und Musik ist *toreo*, denn die Stierkampfkunst folgt einer Melodie. Sie ist untrennbar mit dem Flamenco verbunden – zwei Künste, die tiefe Leidenschaft schaffen. Alle *toreros* hören in ihren einsamsten und intimsten Moment Flamenco – dann, wenn sie für die *corrida* angekleidet werden. *Toreo* ist Leidenschaft. Der *cantaor*, der Flamencosänger, muss, wenn er denn wahrhaftig ist, seine Seele und sein Leben lassen, sobald er die Bühne betritt und singt. Wie ein *torero*, der sich jeden Tag ganz hingeben muss und bei jeder *corrida* sein Leben riskiert. Es mag gute und schlechte Tage geben, er kann auf einen guten oder schlechten Stier treffen: Aber er muss bereit sein, sich jede Sekunde auszuliefern – mit der ganzen Seele und dem ganzen Herzen.

Beide Welten, die des Stierkampfs und die des Flamenco, sind Welten voller Wahrheit. Natürlich lässt ein Künstler der die Bühne betritt, ein *torero*, der in die *plaza* einzieht, einen Teil seines »Ichs« zurück; in der Garderobe, im Zimmer des Hotels. Um aber seine ganze Kunst ausdrücken zu können, wird er eine große Dosis Wahrhaftigkeit aufbringen müssen. Tut er dies nicht, kann Kunst nicht existieren. Er muss dem Zuschauer sein tiefstes Inneres offenbaren, erst dann entstehen die unvergleichlichen Momente voller Schönheit. Es ist das, was wir *duende* nennen.

Duende ist etwas mystisches, ein Zauber den man nicht wirklich erklären kann. Man muss ihn in sich spüren. Je mehr man danach sucht, desto weniger findet man ihn. Man sitzt mit Freunden zusammen, alle bitten dich zu singen. Und du kannst nicht, weil du nichts fühlst; aber plötzlich, nur ein paar Momente später, wenn alle schon längst weiterreden, erhebt sich etwas in deiner Seele und du singst; der Zauber des *duende* ist da. Wie beim Flamenco, muss bei einer *corrida de toros* diese Magie spürbar sein, die Intensität und Liebe des Künstlers; fühlbar für ein Publikum, das die Arenen füllt, um Kunst zu erleben. Diese Magie wird weit über die Grenzen der Arena hinaus gelebt. Nach einer *corrida*-Hommage für den großen *torero* Rafael de Paula in der madrilenischen Plaza Las Ventas gab es ein privates Fest zu seinen Ehren. Dort traf Rafael de Paula auf eine Handvoll großer Flamenco-Stars. Während Farruquito tanzte, zog der Maestro de Paula eine rote Serviette vom Tisch und simulierte in die Schrittkombinationen des Tänzers hinein ein paar *corrida*-Passagen; der Tänzer wurde zum Stier und folgte der Choreographie der roten *muleta*. Keiner der Anwesenden konnte sich diesen Bildern entziehen, sie drangen direkt in die Seele ...

Im Herbst 2006 reiste ich nach Mexico. In La Monumental de Mejico, der größten Arena der Welt, sollte ich auf einer Bühne auf den Rängen zur *corrida* singen, während die *toreros* »Armillita« und »Zotoluco« unten in der Arena ihre Kunst zeigten. Als ich für den Soundcheck die noch leere *plaza* betrat, war ich zutiefst beeindruckt: Ich fühlte und »hörte« eine sakrale Stille in diesem monumentalen Rund. Einige Stunden später stand ich auf der Bühne, die *plaza* mit 40 000 Zuschauern gefüllt – eine unbeschreibliche Atmosphäre. Später machte ich eine

Ehrenrunde mit den *torero*-Maestros, nahm dabei eine *capote*, das pinkfarbene Tuch, zur Hand und versuchte ein paar Schwünge. Die in jenem Momenten fast symphonisch klingenden »Olés« von den Rängen zu hören, ist Gänsehaut pur. »Jetzt weiß ich, wie sich ein *torero* fühlt ...«, dachte ich. Aber ich wusste auch: Einem Stier wirklich gegenüberzustehen, das könnte ich nie, höchstens auf zwanzig Kilometer Distanz. Sowohl *cantaores* als auch *toreros* haben Angst; es packt sie mitunter panisches Entsetzen kurz bevor sie auf die Bühne müssen oder in die Arena einziehen. Aber sie können nicht anders, sie suchen die Bühne, werden ihr Liebhaber und Gebieter und müssen dabei alles riskieren. Ein *torero*, der sich nicht wirklich der Gefahr stellt, der *no se juega la vida* (nicht mit dem Leben spielt) – ein, auch im alltäglichen Leben feststehender spanischer Begriff für »Wahrhaftigkeit« – der ist kein *torero*, der ist ein Betrüger. Und dieser Betrug ist sicht- und spürbar! Wenn ich einen *cantaor* beobachte, der eine Straße hinuntergeht, weiß ich schon anhand seiner Art und Gestik, ob er ein wahrer Künstler ist oder nicht. Und für den *torero* gilt: Das Horn des Stieres muss ihm ganz nahe kommen, die Spitze muss seine Haut streifen; nur so wird er in der Lage sein, mit dem Stier eins zu werden und große Kunst zu schaffen. Und selbst im Falle eines Scheiterns die einsame Flucht mit künstlerischer Größe beherrschen.

Einsamkeit und Angst sind die ständigen Begleiter eines *toreros* in der *plaza*. Aber diese Furcht ist ein dienender Begleiter: Sie macht Dich wachsam. Der einsamste und schlimmste Moment für einen Künstler ist genau die eine Minute, die zwischen dem Verlassen der Garderobe und dem Betreten der Bühne besteht. In der *plaza de toros* ist dies der Moment des *paseillo*, des Einzugs in die Arena. Dann zittert selbst die Luft vor Angst. Ich mag dieses Gefühl, weil es sehr profund ist. Diesen intensiven Moment erlebe ich, bevor ich auf die Bühne muss. In diesem Augenblick bin ich vollkommen allein mit meinen Ängsten, mit meinen *fatigas*, meinem inneren Ringen; man hat niemanden, dem man sich anvertrauen könnte. Ich glaube, selbst wenn mir jemand in diesem Moment zuhören würde, er würde mich nicht verstehen.

Die Kunst in der Arena ist in unzähligen Details sichtbar und spiegelt sich in jeder der Persönlichkeiten wieder, die bei der *corrida* assistieren. Viele von ihnen wollten einst selbst *toreros* werden, hatten nicht das Talent oder ihnen fehlte letztendlich der Mut. Es ist ihnen aber trotzdem oder gerade deshalb unmöglich, ohne die Nähe zur *corrida* zu leben. Ich liebe es, hinter die Kulissen einer Arena zu schauen, durch die Katakomben zu gehen, durch den Pferde- und Maultierhof; dort die *areneros*, Leute die später den Sand in der Arena frisch aufharken, da die Pferdepfleger und die obersten Hüter der *toril-tores*, der Sierställe, hier die Sitzkissenhändler – sie alle sind fester Bestandteil der *mundo taurino*, und dies mit ihrer ganz eigenen Hingabe und in all ihren verschiedenen Facetten.

Anyas Fotografie spiegelt in sehr sensibler Weise diesen Kumulus von Menschen, Eindrücken und Gefühlen wieder. Selbst die »verlorenen« Momente, die das menschliche Auge kaum wahrnehmen kann, scheinen, kaum dass man diese Fotografien sieht, in ihrer ganzen Pracht wieder gewonnen. Es ist ein anderer Blick, voller Magie, der Blick einer Frau, der uns diese Momente zurückgibt. Dass sie in dieser fremden Welt besteht, dafür gibt es einem einzigen Grund: Diese Deutsche fühlt die ganze Leidenschaft und Liebe für die *corrida*. In der *mundo taurino* bewegt sie sich wahrhaftig und mit dem Herz einer Spanierin. Sie ist voller Passion, Verstand und Gefühl für *toreo*. Und genau diese Leidenschaft ist es, die es ihr ermöglicht, die Momentaufnahmen einer *corrida* so intensiv und wahrhaftig zu fotografieren – so, wie ich nur wahrhaftig singen kann, wenn meine Seele voller Leidenschaft ist. Die Fotografien von Anya treffen mich ins Mark, sie zeigen uns mitreißende Momente, solche, die selbst nur ganz wenige Spanier, davon bin ich überzeugt, überhaupt festhalten können. Fotografien wie jene des vom Degen verletzten Gesichts von José Tomás, oder den fixierenden Blick auf den Stier vom Maestro Curro Romero über die Bande, den Anya sicher als einzige mit der Kamera einfing. Anya eröffnet uns eine vollkommen neue Dimension des bislang Gesehenen. In der in Anyas Fotos portraitierten *mundo taurino* fließen viele schwarze Tränen. Aber auch jene in bitterem purpur, Tränen in allen Farben der Sinne. Denn ein *torero* nimmt viele *fatiguitas* auf sich – viele Leidenswege, um ein wahrer *torero* zu werden. Er muss von *bocadillos* und *tortillas* leben, an den Toren der *plazas* warten; auf eine Chance bei den *tentaderos*, den Stierproben auf dem Land, hoffen; dort wieder und wieder in die Arena springen um auf sich aufmerksam machen, und jeden Tag aufs neue sein Leben aufs Spiel setzen. Aber dies ist eine ganz natürliche Entwicklung im Leben, die wir alle kennen: Ein *cantaor* muss sich festbeißen auf den *tablaos*, den Brettern der Falmencobühne, auf den Veranstaltungen in den einfachen Wirtshäusern, wenn er dort zu Beginn seiner Karriere Tänzer mit seinem Gesang begleitet. All diese Mühen zahlen sich aus, wenn man plötzlich ganz oben ist; dann ist man auf diese schmerzhaft ertragenen *fatiguitas* stolz. Wenn ein Künstler aber leicht und schnell zu Ruhm kommt, ist es als ob *como quien tiene un tio en alcalá: que no tiene tio, ni tiene ná*, ein spanisches Sprichwort, das soviel bedeutet wie: Der leichte Erfolg hat nicht den selben Wert, wie der, der lange erkämpft und durchlitten wurde.

Früher kamen die Künstler zum *toreo* und zum Flamenco, weil sie Hunger litten. Wie mein Vater, der auf jedem *tablao* tanzen musste für unseren Lebensunterhalt. Auf dem *tablaos* des Venta del Palomar, einer Gaststätte, ertrug er die hochmütigen *señoritos* bis in den Morgen hinein für einen Hungerlohn. Früher haben die Leute den *toreros* während der Ehrenrunde sogar lebende Hühner zugeworfen, um ihnen etwas zu essen zu geben. Heute kommt diese Geste mitunter noch vor – allerdings eher als Reminiszenz an eine vergangene Zeit. Die Verhältnisse sind anders, aber etwas Maßgebliches ist geblieben: Ein wahrer Künstler wächst nur unter großen persönlichen Opfern und der Preisgabe seiner selbst. Alle Not, die man in diesem Leben erleidet, wendet sich irgendwann zum Guten, ihr zum Trotz darf man niemals die Hoffnung verlieren. Flamenco und *toreo* können tragisch sein, sind aber gleichzeitig die *gloria* – die größte Ehre, die Herrlichkeit. Wenn ein *torero* in der *plaza* den Tod findet, ist dies tragisch, aber auch ein Moment der höchsten *gloria*. Niemals werde ich das Entsetzen vergessen, das ich empfand, als ich am Fernsehschirm den Tod von José Cubero »Yiyo« erlebte. Zu sehen, wie ihm der Stier mit seinem Horn das Herz in zwei teilte, das traf mich mit so großer Wucht, dass ich die Tränen nicht zurückhalten konnte. Yiyos Bild, sein schon verlorener Blick, mit den fast schon weißen Augen ... aber doch die höchste Ehre für den *torero*. Für mich gibt es daran keinen Zweifel – auf jeden *torero*, der in der *plaza* stirbt, wartet im Jenseits ein Thron auf einem Podest. Ich würde mir wünschen, auf einer Bühne zu sterben. Als der 85-jährige Flamenco-Maestro Juan Valderrama mit einer Hommage geehrt wurde, kam er auf die Bühne und sang mit leiser Kraft, wie er eben noch konnte, einige Verse *tarantos*, ein tragischer Gesang im Flamenco. 15 Tage danach starb er. Ich dagegen möchte es genau in dem Moment, wenn ich die *bulerías* singe, die frohesten Flamenco-Stücke ...

CAMPO

Taurine

Von Anfang an war der Stierkampf eine Vereinigung von Unvereinbarem, nicht nur durch seine sonderbare Verbindung von Ästhetik und Blut, sondern auch, weil seine Huldigung uralter, vorkapitalistischer Ideale wie physischen Mutes und Selbstkontrolle in einer Arena stattfindet, die auch kommerzialisiert ist. Von uns Befürwortern wird der Stierkampf in einem geheimnisvollen, romantisierten Licht gesehen, als handle es sich um die Fortsetzung eines tausendjährigen Brauchs, in dem sich das Urspanische schlechthin zeige. Im Lauf der Jahre haben viele gelehrte Debatten darüber getobt, inwiefern diese Kultur ein Erbe der Römer oder womöglich der Araber sei. Weder noch – die Wurzeln des Stierkampfs, wie wir ihn heute kennen, liegen im frühen 18. Jahrhundert, seine jetzige Form erhielt er erst Ende des 19. Jahrhunderts. Es handelt sich also keineswegs um die letzten Gladiatorenspiele. Der Stierkampf ist vielmehr die vielleicht erste moderne kulturelle Unterhaltungsindustrie, bei der hochbezahlte Fachleute vor einem zahlenden Massenpublikum auftreten.

Während des 18. und des frühen 19. Jahrhunderts gab es in Spanien, ebenso wie in einer Reihe anderer europäischer Länder, mehrere ernst gemeinte Versuche, den Stierkampf ganz und gar zu untersagen. Die Gründe, weshalb diese Versuche scheiterten und der Brauch ausgerechnet sich in Spanien zur heimischen Kultur entwickelte, hat der kanadische Historiker Adrian Shubert analysiert. Etwas vereinfacht ließe sich zusammenfassen, dass die Stierkämpfe von einer vielfältigen Allianz unterschiedlicher Gruppierungen geschützt und befürwortet wurden. Zum einen gab es die Kirche, die die Stierkampf-ferias seit jeher auch dazu nutzte, ihre Wohltätigkeitseinrichtungen zu finanzieren; zum anderen erschienen die politischen Machthaber gern bei den Corridas aus repräsentativen Zwecken. Das Bürgertum erkannte wiederum, dass eine plaza de toros dem lokalen Handel zuträglich war; und den breiten Volksgruppen bot der Stierkampf Unterhaltung und Stoff für Träume zugleich – für viele arme Jungen wie den legendären Manolete waren Schwert und capa der einzige Weg, wollte man sich aus der Armut und den Slums der Städte befreien.

Historische Zufälle verstärkten diese Entwicklung. Die verheerenden Napoleonischen Kriege zu Beginn des 19. Jahrhunderts führten dazu, dass die Städte und Ortschaften immer mehr Stierkämpfe veranstalteten, denn dies war eine einfachere und bedeutend populärere Art und Weise, Geld einzunehmen als die Erhebung von Steuern. Als um die Mitte des Jahrhunderts die spanischen Eisenbahnen ausgebaut wurden, entstand eine Art nationaler Stierkampfwelt, was das Publikum weiter anwachsen ließ. Ein größeres Publikum wiederum bedeutete mehr Geld. Lagartijo verdiente im Jahr 1882 insgesamt 150 000 Pesetas, was etwa fünfmal soviel war wie das, was der Präsident des obersten spanischen Gerichts nach Hause brachte. Und vergleicht man den spanischen Stierkämpfer im übertragenen Sinne mit zeitgenössischen englischen Fußballprofis, brauchen diese beinahe ein

Jahr, um so viel Geld zu verdienen, wie der bekannte Spanier damals für die corrida eines einzigen Nachmittags erhielt. Allerdings müssen die Engländer lediglich gegen andere Menschen antreten und laufen niemals Gefahr, einem lebensgefährlichen Ungeheuer wie Cucharero gegenüberzustehen.

Cucharero war ein riesiger Anastasio-Martin-Stier, gegen den Lagartijo im Juni 1877 in Malaga kämpfte. Cucharero war einige Mal von der Lanze gestochen worden, ohne dass er eine erwähnenswerte Menge Blut verloren hätte, später dann brachte er die beiden picadores zu Fall, wobei der eine von ihnen sich das Schlüsselbein brach. Die banderilleros hatten nur die Hälfte ihrer Spieße platzieren können, und als schließlich Lagartijo wieder an der Reihe war, agierte er eine halbe Ewigkeit panisch in der Arena, ehe es ihm schließlich glückte, Cucharero zu dominieren. Der Stierkämpfer ließ den Kopf des Stieres präparieren – allein der wog 101 Kilo –, und hängte ihn in seinem Haus in Córdoba auf; die Legende sagt, dass Lagartijo bisweilen, wenn er nach einer langen Nacht im Wirtshaus nach Hause kam, in seinem dumpfen Rausch aus Angst mit dem Spazierstock auf den ausgestopften Schädel schlug oder sogar mit der Pistole nach ihm schoss, während er sich an jenen Nachmittag voller Panik in Malaga erinnerte.

Der Stierkampf, der heute in den spanischen Zeitungen im Feuilleton behandelt wird – häufig sind hier die Theaterkritiker auch die Corrida-Chronisten - spricht bei vielen Menschen etwas Fundamentales an. Die Frage ist nur was? Als Nichtspanier und Stierkampffan begegnet man vielen Erklärungsversuchen, wofür der Stierkampf eigentlich stehe. Viele davon erscheinen recht mysteriös und zeichnen sich eher durch Erfindungsreichtum aus als durch Klarheit der Gedanken. Einige von uns sehen in der Corrida eine artistische symbolische Konfrontation und Vereinigung von Mensch und Natur. Für andere ist das, was dort unten in der Arena dargeboten wird, im Grunde das Drama der Geschlechter: die einen schreiben dem Torero die Rolle des Mannes zu, der für sein Überleben die weibliche Urkraft zähmen müsse, während die anderen erstaunlicherweise die entgegengesetzte Auffassung vertreten. Demnach sei der Stier der Mann, und die Frau werde vom Stierkämpfer gespielt, der auf seine List angewiesen sei, um einen rein physisch weitaus stärkeren Widerpart zunächst zu kontrollieren und dann zu besiegen.

Hemingway galt die Corrida bekanntlich als eine Art Kunst des Todes, und vielleicht liegt darin etwas, was uns dabei helfen kann zu verstehen, warum der Stierkampf nicht nur nach wie vor zelebriert wird, sondern sogar einen wachsenden Zuspruch bekommt. Natürlich hat es etwas Sonderbares an sich, einem sorgfältig reglementierten Drama mit beinahe ballettähnlichen Formen beizuwohnen, bei dem nicht nur der eine sterben kann, sondern einer von beiden mit Sicherheit sterben wird. Beinahe immer der Stier, dann und wann der Mensch. Der Stierkampf lässt sich nämlich als eine Herausforderung des letzten großen Tabus unserer Zeit deuten: des Todes. Um dies zu begreifen, müssen wir uns die Sicht auf den Tod in früheren Zeiten vergegenwärtigen. Damals war das Sterben, wie so viele andere große Einschnitte im Leben, ein öffentlicher Akt: das Sterbebett war umgeben von einer dichtgedrängten Menge von Verwandten, Nachbarn und Freunden. Da das Ableben eines Menschen bedeutete, dass seine Gruppe – die Familie, das Geschlecht, das Dorf – geschwächt wurde, fasste man den Tod nicht in erster Linie als persönliches Drama auf, sondern als kollektive Angelegenheit. Nicht einmal Kinder durften im Publikum fehlen, denn der Tod wurde nicht als etwas Unheimliches gesehen, vor dem man sie hätte fernhalten müssen. Wenn sich der Sterbende nur würdevoll verhielt, galt das Betrachten solcher Szenen als schön und erbaulich. Dabei war der Tod in jener Zeit auch nicht ein Tod nach heutiger Auffassung. Die Persönlichkeit des Menschen ging nach dem Sterben nicht zugrunde, sondern verblieb in einer vage erahnten Schattenwelt, wo sie in Erwartung der Wiederauferstehung ruhte.

Diese uralte Sicht auf den Tod veränderte sich langsam seit dem Hochmittelalter, als der Gestank der überfüllten Pestgräber eine neue und kraftvolle Sehnsucht nach dem irdischen Leben heraufbeschwor. Es sollte jedoch bis zum 19. Jahrhundert dauern, ehe dieser Prozess seine Vollendung erreichte – unter dem Druck des hervorbrechenden Individualismus einerseits und der aufkeimenden Säkularisierung andererseits. Der große Umbruch fand schließlich Mitte des 20. Jahrhunderts statt. Der Tod wurde nun zu etwas Unsichtbarem, was in einer Klinik stattfindet, sorgfältig getrennt von Heim und Alltagsleben; es ist keine rituelle Zeremonie mehr, sondern nur eine kalte Formalität, die sich in Abgeschiedenheit vollzieht. Wieder senkt sich die Stille über Totenbett und Grab: doch es ist nicht mehr die würdevolle Todesstille früherer Zeiten, es ist die Ruhe der Angst. Denn der Tod hat sich nun gewandelt – vom Zahmen, Bekannten und Unmittelbaren zum Wilden, Fremden und Fernen, zu einer hässlichen Obszönität, die es ebenso zu verschweigen gilt, wie man einst die Sexualität verschwieg.

Der Stierkampf unterläuft diese Verleugnung in gewisser Weise, indem er den Tod zu einem öffentlichen Ritual macht. Denn das Paradoxon liegt darin, dass unsere Zeit gerade in ihrer Leugnung des Todes eine Art Besessenheit vom Tod entwickelt hat. Die Gründe sind einfach, denke ich. In einer Welt, in der immer mehr Dinge die Gestalt von Waren annehmen – heute können wir sogar Erfahrungen kaufen, man spricht dann von »Erlebnis« –, wird das, was man nicht kaufen kann, immer wichtiger. Wie der Tod. Er ist bald das einzige, was nicht künstlich vorgespiegelt, vorgeschwindelt, imitiert, kopiert oder widerrufen werden kann; so gewinnt er an Bedeutung. Das können wir jedes Mal dann erleben, wenn eine bekannte Person plötzlich und unerwartet stirbt. Man nehme nur den Tod des großen Manoletes 1947 – einen Tod, der vielleicht nicht ganz unerwartet war, aber doch zweifellos plötzlich.

Die spanische Öffentlichkeit war schockiert über das Geschehene. Die Nachricht füllte tagelang die Zeitungen, und als er später in seinem Haus in Córdoba aufgebahrt lag, standen über 20 000 Menschen Schlange, um einen Blick auf ihn zu erhaschen. Zugleich ist der Eindruck nicht ganz von der Hand zu weisen, dass dieser Schock in gewisser Weise willkommen war, denn er erleichterte es den Menschen zu verdrängen, zu vergessen, dass sie ihm allmählich den Rücken zugekehrt hatten. Dieser Hornstoß, der ihm das Leben raubte, machte ihn zugleich unsterblich. Denn wenn Manolete nicht zu diesem Zeitpunkt und auf diese Weise gestorben wäre, dann wäre sein Ruf vermutlich verklungen, und sein Name bei Millionen von Menschen bald vergessen gewesen. Diese Geschichte hat sich seitdem vielfach wiederholt, und jedes Mal ist es der Öffentlichkeit gelungen, drohende Gleichgültigkeit in den genauen Gegensatz zu verkehren. Und damit wäre – wenn auch auf ziemlich verquere Weise – der Wahrheitsgehalt des alten christlichen Gedankens bewiesen: Die einzige Art, sein Leben zu behalten, ist, es zu verlieren

PLAZA

PETER VIERTEL

Fiesta nacional

»Nicht zu verteidigen, aber trotzdem unwiderstehlich« – so hat sich ein kluger Mensch (vielleicht Oscar Wilde) einmal über den Stierkampf geäußert. Dass so etwas wie die *corrida* in einer westlichen Demokratie fortbesteht, ist dennoch nicht so erstaunlich, handelt es sich doch nach wie vor um eine der wichtigsten Zerstreuungen des spanischen Volkes, um einen integralen Bestandteil seiner Kultur, seiner Sprache. Und: *El toreo* bietet auch heute noch eine der wenigen Möglichkeiten für Jugendliche aus der Unterschicht, dem Dunkel der Benachteiligung zu entkommen und Millionär zu werden. Denn anders als die Fuchsjagd, ein blutiger Sport des Landadels, handelt es sich bei der *corrida* um eine Kultur, zu der nicht nur eine abgegrenzte, elitäre Gesellschaftsschicht Zutritt hat. Und was ist mit dem Wunsch, dieses blutige Treiben zu verbieten? Die Agitation in diese Richtung ist nicht auf Wortführer aus den Nachbarländern Spaniens beschränkt. Es gibt sehr wohl einige Spanier, auch Politiker und Journalisten, die *la fiesta nacional* gerne per Gesetz verboten und wie den Faschismus und die Inquisition in die Vergangenheit verbannt sehen würden. Mein guter, inzwischen verstorbener Freund, der *torero* Luis Miguel Dominguin, pflegte hier zu sagen, ein gesetzliches Verbot des Stierkampfs hätte zuallererst zur Folge, dass eine ganz einzigartig, edle Tierart ausstürbe – *el toro iberico*. Niemand würde es sich leisten können, den *toro* ohne Corridas durch Zucht vor der Ausrottung zu bewahren. Ein interessantes moralisches und bedenkenswertes Argument für den Fortbestand dieser Kunstform ...!

Einer Kunst, die in unserer Zeit auch von einer gewissen Dekadenz bedroht wird: Der durchschnittliche Kampfstier heute ist weniger als in früheren Zeiten geeignet, das traditionelle Prozedere durchzuhalten. Manchmal werden heutzutage überzüchtete Tiere eingesetzt, weshalb bei einem Teil der Öffentlichkeit die Begeisterung für die *iesta nacional* nachlässt und man seine Euros – mit allen Vor- und Nachteilen – oft für andere Formen der Leidenschaft wie für den Fußball ausgibt. Meine eigene Leidenschaft und *afición* für die *corridas* wurde von meiner Freundschaft zu Luis Miguel Dominguin entflammt, der mich in die Welt des Stierkampfs entführte. Ich begleitete ihn zwei Saisonen lang quer durch Spanien, und erlebte gemeinsam mit einer *aficionado*-Entourage aus Picasso, Orson Welles, Hemingway und vielen anderen Künstlern die brillanten *temporadas* mit, während derer Luis Miguel sich mit seinem Schwager Antonio Ordoñez maß – eine goldene Epoche. Als diese Zeit endete – ich ging als Drehbuchautor wieder in den USA – endete damit auch meine ganz persönliches Erleben der *corridas* und der Faszination in der Arena. Heute aber, ich lebe zur Hälfte des Jahres in Südspanien, flackert sie doch manchmal wieder auf, jene Faszination, die sich einstellt, wenn ich vor meinem Fernseher sitze und vorbeiflimmert, was ich als junger Mann live erleben durfte. Dann, in diesen Momenten, möchte ich glauben, dass die *corrida* vielleicht doch keine aussterbende Kunst ist.

TORILES

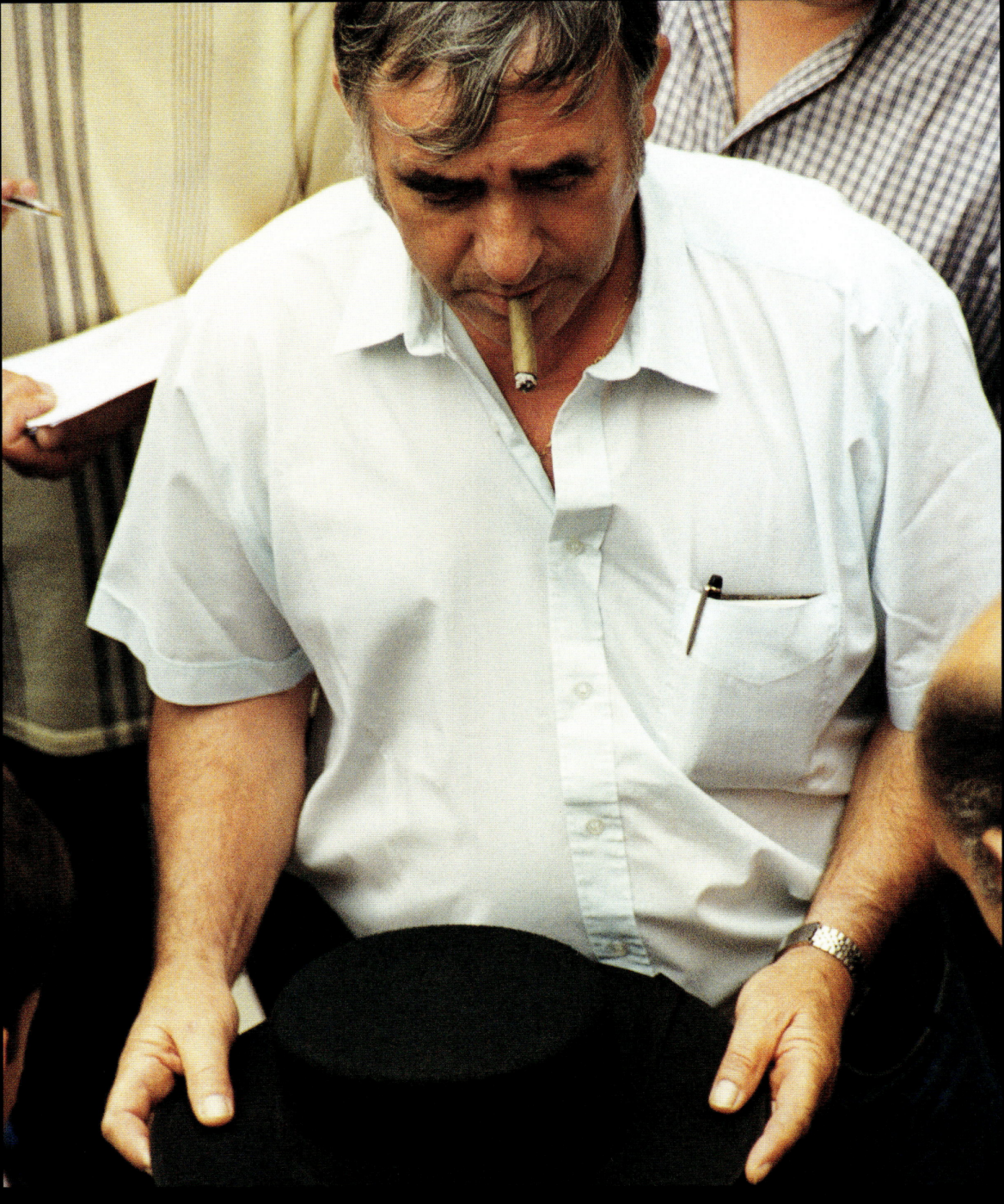

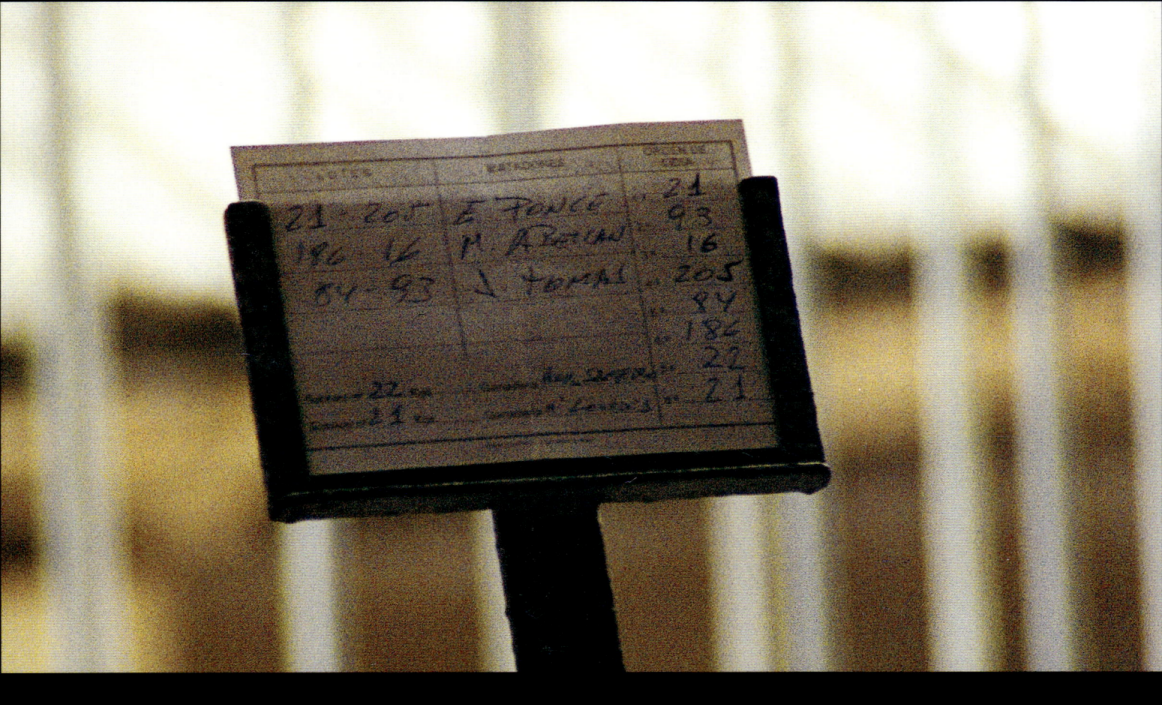

Zimmer 209, Reina Victoria

Ich stehe auf dem Dach des Hotels Reina Victoria in Madrid. Es ist die letzte Nacht, ehe das Hotel für immer schließt. Morgen um zwölf Uhr mittags wird der letzte Gast das Haus verlassen. Für die meisten ist dies kein einschneidendes Ereignis, doch für mich wird die Welt etwas anders sein, ein bisschen ärmer, ein wenig langweiliger ...

Zum ersten Mal war ich vor zehn Jahren im Reina Victoria und bin seitdem regelmäßig zurückgekehrt. Damals reiste ich nach Madrid, um einen guten Freund zu besuchen – in gewisser Weise tue ich das diesmal wieder. Von der Dachterrasse des Hotels blicke ich schweigend über das Stadtzentrum von Madrid. Es ist eine Ironie des Schicksals, dass die schönste Aussicht des Hotels nie den Gästen vorbehalten war. Hier pflegte das Hotelpersonal seine Mittagspause zu verbringen. Neben mir steht Avelino Montero Ponce, ein ehemaliger Nachtwächter des Hotels. Eigentlich ist er wegen Depressionen krankgeschrieben, doch er ist gekommen, um von seinem langjährigen Arbeitsplatz Abschied zu nehmen. Er erzählt von einem Geist, der in einem der Zimmer im obersten Stockwerk wohne, und meint, man könne manchmal einen klagenden Laut hören.

Von ferne eine Polizeisirene. Der abendliche Verkehr ein leises Rauschen. Es ist Sonntagabend, und ein schwacher Wind scheint durch die Strassen zu ziehen. Ich stehe im Herzen einer Fünfmillionenstadt, und am spürbarsten ist die Stille. Ich sehe hinunter auf die Dächer, die Terrassen, das Opernhaus, das Teatro Real mit seinem mystischen weißen Licht, das intensiv rote Zifferblatt der Uhr des Postministeriums ... Die funkelnden Scheinwerfer von den äußeren Schnellstraßen schlängeln sich wie Glühwürmchen in Richtung Zentrum. Die glitzernden Ringstraßen der Vororte treten immer klarer hervor, wie ein pulsierender, blendender Blutkreislauf, der Energie in ein dunkles Herz in der Mitte der Stadt pumpt.

Ich sehe hinunter auf die Plaza Santa Ana, auf die Stadt, die nun in Schatten und Finsternis versinkt, und in gewisser Weise sehe ich zugleich hinab auf mein Leben. Ich schließe die Augen und spüre, wie das Hotel zu einer Art lebendigen, traumhaften Materie wird, zu einem wachsenden Hotel mit Gängen, die sich bis in die Unendlichkeit verzweigen. Hier befinden sich all meine Erfahrungen, Erinnerungen, Erlebnisse und Träume von Spanien, doch die Räume öffnen sich auch anderen Hotelzimmern, anderen Städten ...

Ich wohne nun seit drei Tagen hier. Ich führe Tagebuch und sammle zugleich als Erinnerung Reliquien wie Speisekarten, einen Plan über die Notausgänge des Hotels. Es ist seltsam. Es kommt mir so vor, als würde ich versuchen, alle Nuancen und Einzelheiten des Hotels zu rekonstruieren – noch während es existiert. Es erinnert an einen Abschied, bei dem man versucht, sich das Gesicht des geliebten Menschen in Erinnerung zu rufen, noch ehe man die lange Reise angetreten hat. Der Versuch, ein Bild aus einem Moment hervorzumeißeln, der sich schon in eine Erinnerung verwandelt hat.

Das Hotel erhält noch alle Rituale aufrecht, aber es ist nur zum mühsamen Schein, denn alle wissen, dass es die letzte Nacht ist. Es ist so, als würden wir alle in einer Erinnerung herumwandern, als wären wir bereits in traumähnliche Schatten aus der Vergangenheit verwandelt worden.

In allen großen Städten Spaniens gibt es besondere Hotels für Stierkämpfer. In Madrid ist es das Reina Victoria, es ist das berühmteste der Welt. Stierkämpfer sind häufig abergläubisch und schaffen sich daher in ihrem Leben feste Abläufe und Rituale. Dazu gehört, stets in einer Stadt in dasselbe Hotelzimmer zurückzukehren. Der berühmteste Stierkämpfer von allen, Manolete, wohnte hier immer in Zimmer 220. Ich selbst wohne jetzt einige Schritte entfernt in Zimmer 209. Ich verlasse das Dach und nehme den Fahrstuhl hinunter in die Lobby. Noch lebt die Erinnerung an Manolete im Hotel. Die Bar in der Lobby trägt seinen Namen, hier gibt es eine kleine Dauerausstellung mit Fotografien von Cano und zwei Hotelrechnungen, signiert vom *torero*-Maestro. In der Bar treffe ich Antonio Caballero, Kolumnist bei »6 Toros 6«, der bedeutendesten spanischsprachigen Zeitschrift über Stierkampf. Er nippt an einem Glas Rotwein und spricht langsam, vorsichtig, über die Rolle des Hotelzimmers für den Matador: »Die großen *toreros* führen etwa hundert Stierkämpfe im Jahr und es ist von großer Bedeutung, dass sie stets im selben Zimmer sind. Das Hotelzimmer ist der wichtigste Ort für einen *matador* – abgesehen von der Arena natürlich. Im Hotel kleiden sich die *matadore* an und bereiten sich mental vor, ehe sie zur Arena fahren. Diese Vorbereitungen sind gleich einem Ritus und unglaublich wichtig.«

Antonio Caballero sieht sich um, im Bewusstsein, dass er zum letzten Mal in einem der durchgesessenen roten Samtsessel sitzt. »Ein entscheidender Moment ist für viele Matadore der nach einem schlechten Kampf. Sein ganzes Wesen sagt dann: ›Lass mich nicht allein.‹ Stierkämpfer können nicht allein sein. Sie brauchen immer Menschen um sich. Zugleich haben sie während ihrer Karriere nie wirkliche Freunde. Ein Hotel hat notwendigerweise etwas Unpersönliches an sich. Als neutraler Raum reflektiert es gewissermaßen die Psyche des *matadors*. Vor einigen Jahren versuchte das Ritz in Madrid zu einem taurinen Hotel zu werden, doch es war zu international, zu ausländisch. Das Hotel muss eine spanische Grundatmosphäre haben, sonst kommen die Stierkämpfer nicht. Viele halten Stierkämpfer für romantische Menschen, doch das sind sie nicht nur – sie sind auch Pragmatiker. Der Stierkampf ist auch ein Geschäft. Er hat nicht nur mit Träumen zu tun. Wir, die wir außerhalb stehen, sind die gänzlichen Träumer. Erst jetzt, wo die Romantik hier im Vicotria aufhören zu scheint, erwache ich allmählich. Es war eine wunderbare Zeit, doch nun ist sie vorbei.« Nicht alle scheinen schon zu bemerken, dass es der letzte Abend in der Bar Manolete ist. Es sind dieselben Stammgäste, die auch sonst hier sitzen. Gonzalito, der *mozo de espadas*, der Degenträger des berühmten Stierkämpfers Curro Romero, schläft wie immer in seinem Lieblingssessel. Ich habe das Gefühl, dass man ihn in seinem Sessel hinaustragen müssen wird, wenn das Hotel morgen schließt. Gonzalitos Tochter Maria ist um so empörter. Sie ist mit dem Hotel aufgewachsen. Ihre Taufe ist hier gefeiert worden, ihre Firmung, das Hochzeitsfest ... »Es ist nicht nur ein Hotel, es ist ein Leben.« Sie macht eine Pause und wischt sich die Tränen aus dem Gesicht: »Mein Leben ... es fühlt sich so an, als würden sie die Tür zu meinem Leben schließen.«

Antonio Caballero entschuldigt sich, ehe er die Bar verlässt: »Es kommen zu viele Gefühle hoch. Ich bringe es einfach nicht fertig, noch länger hier zu bleiben.« Der Hoteldirektor, Carlos Herguedas, kommt vorbei und schüttelt mir die Hand. Er erzählt von der Geschichte des Hotels, dass es ursprünglich ein Privatpalais war, das während des Bürgerkriegs in ein Krankenhaus verwandelt und erst 1940 zu einem Hotel umgebaut wurde. Damals war der Eingang von der Plaza del Angel aus, und in der Lobby befanden sich eine Bank, die Bank Simeou, und ein Bekleidungsgeschäft. Zwischen 1942 und 1943 wurde das Reina Victoria ein Hotel für Stierkämpfer. Carlos Herguedas spricht auch von der großen Bedeutung Manoletes für das Hotel. Ein anderer Stammgast, Manuel Escudero, schaltet sich in das Gespräch ein. Seit der Zeit, als Manolete hier wohnte, ist er Gast dieser Bar: »Seit dem Tag, an dem er starb, trage ich Trauer. Die Welt wird nie wieder seinesgleichen sehen.«

Mir ist nach einem Tapetenwechsel zumute. Ich verlasse das Hotel und gehe hinaus auf die Plaza Santa Ana. Die Gegend um den kleinen Platz herum ist seit Jahrzehnten von der Stierkampfkultur geprägt, dazu gehört nicht nur das Hotel, sondern auch Bars, Restaurants, der Eintrittskartenverkauf, Schneider, Pensionen ... Doch in letzter Zeit hat sich das Viertel allmählich verändert. Es erinnert ein wenig an die Umgebung der Markthallen in Paris oder im Zentrum von Florenz. Vor etwa zweihundert Jahren noch war Santa Ana ein reiches Viertel, doch es verfiel nach und nach. Es zog Künstler an und Intellektuelle, aber auch Arbeiter und Handwerker, hier und da entstand ein Kloster. Calderon de la Barca, Lope de Vega, Cervantes – sie alle haben einmal in diesem Viertel gewohnt. Ende des 19. Jahrhunderts wurde es zu einem Zentrum des Stierkampfes und der Flamencomusik. Es folgte ein Strom von Zigeunern, Bohemiens und Kriminellen. Heute ist es an einem Punkt angekommen, an dem es sich auch dem internationalen Tourismus zuwendet. Die wunderschöne Gegend wird unwirklicher, mehr und mehr Boutiquen und internationale Hotels eröffnen. Kaum verwunderlich und durchaus sinnbildlich, dass das Reina Victoria in ein amerikanisches Rockhotel verwandelt werden soll. Nach der Schließung soll es als Hard Rock Hotel Madrid wiederauferstehen.

Nach einer Runde durchs alte Viertel komme ich zurück in die Bar Manolete, kurz vor der Schließung. Teodoro hat über dreißig Jahre in der Bar gearbeitet. Auch an diesem Abend ist er korrekt, aufmerksam und die Freundlichkeit in Person. Er sammelt die leeren Flaschen ein und sagt mit beherrschter Stimme: »Letzte Bestellung.« Dann kommen die Tränen. Er wendet sich ab und den Flaschen zu, als suchte er Schutz hinter seiner Berufsrolle, seine Schultern beben ... Er hält sich ein Handtuch vors Gesicht und verlässt den Raum. Später sitzt er neben der

Bar und weint, während einige Stammgäste ihn zu trösten versuchen. Wir versorgen uns selbst und wechseln uns mit dem Servieren ab. Eine Stunde später taucht er wieder auf, diesmal in Straßenkleidung. Es ist seltsam, sich in einem neuen Kontext zu begegnen. Die übliche sorglose Konversation wirkt nun etwas angestrengt, als müssten wir uns beweisen, wie gut wir uns trotz allem kennen.

Ich gehe auf mein Zimmer und lege mich hin. Die Gedanken wirbeln durcheinander. Ich denke an eine Strophe aus dem Song »Hotel California« von den Eagles, die in meiner Erinnerung in etwa lautet: »*You can check out anytime you like, but you can never leave*.« Auch ich spüre, dass es mir immer möglich sein wird, das Hotel wieder zu besuchen, einzuchecken, mir an der Rezeption einen Zitronenbonbon zu nehmen und die Marmortreppe zum Fahrstuhl hinaufzueilen, im Halbdunkel durch diese Flure zu gehen, das Zimmer mit dem frischgemachten Bett zu betreten.

Es ist Morgen, der letzte Morgen im Hotel Reina Victoria. Ich liege auf dem Bett und starre an die Decke. Im Halbdunkel versuche ich die Farben des Zimmers zu unterscheiden: das Weiß der Decke, das Beigegelb der Wände ... Ich erhasche einen Blick auf die sandfarbenen Marmorplatten des Badezimmers, das aprikosenfarbene Muster der Tagesdecke und der Gardinen. Draußen im Flur dominieren Rot und verschiedene Brauntöne. Das Teppichmuster mit zwei insektenähnlichen Wesen, die einander gegenüberstehen, flankiert von einigen engelsgleichen abstrakten Figuren, die den primitiven Zweikampf zu schützen scheinen. Die naiven Lithographien des Zimmers habe ich niemals näher in Augenschein genommen; sie wirken unendlich austauschbar, verschiedene pastorale Idyllen mit Aquädukten, Ruinen und Hirtenlandschaften.

Ich gehe hinunter in die Lobby und sehe hinüber zur Lichtkuppel, den rosafarbenen Wänden, den etwas steifen und gespenstischen Blumenarrangements, zur Büste von Königin Victoria und der allerorten anwesenden taurinen Kunst, zum Ölgemälde von einigen Kampfstieren in Andalusien, die unter einem bleigrauen Himmel davongehen. Wagen mit Einrichtungsgegenständen und Bildern werden davongerollt. Die neuen Eigentümer sind bereits da und diskutieren mit einer Gruppe von Architekten den neuen Umbau. *Manzanilla*-gläser, Besteck, Tassen, Platten, Schnapsflaschen werden in große Kisten gepackt. Papier und Umschläge werden in große, schwarze Plastiktüten gesteckt, und im Hintergrund wird ein ausgestopfter Stierkopf abmontiert. Ein Kellner aus dem Restaurant trägt eine Entenpresse und eine kleine Palme zu einem wartenden Laster.

Ich gehe hinüber zur Rezeption, um auszuchecken. Valentin Andaluz nimmt die Rechnung in Empfang: »Bitte beeilen Sie sich. Ich brauche Zeit, um mich in Ruhe auszuweinen.« Während ich warte, schweift mein Blick nach draußen. Die Plaza del Angel ist in intensives Herbstlicht getaucht. Die Menschen im Sonnenschein verwandeln sich durch die schweren Nylongardinen der Bar zu Schatten.

VISTIENDOSE DE LUCES

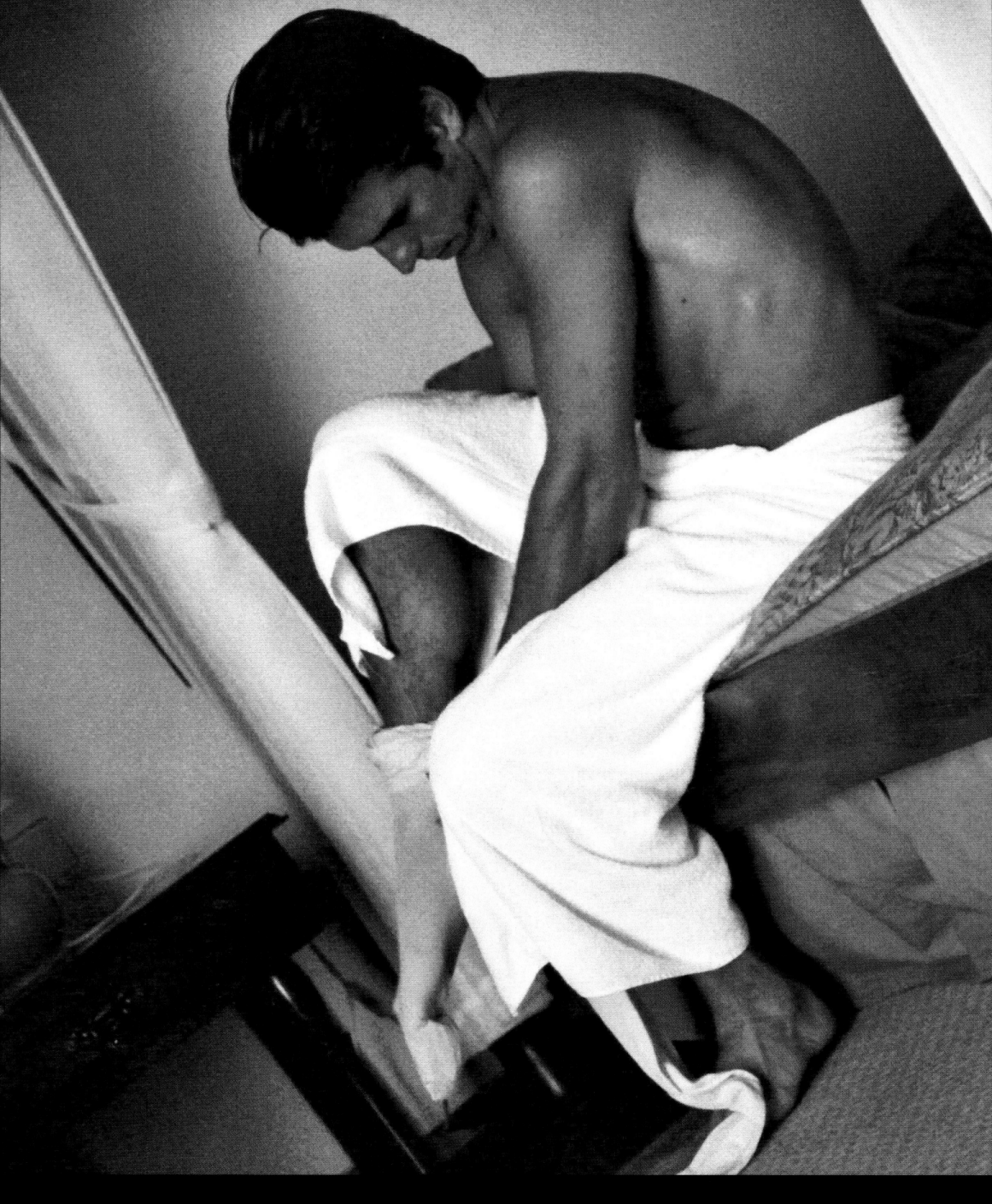

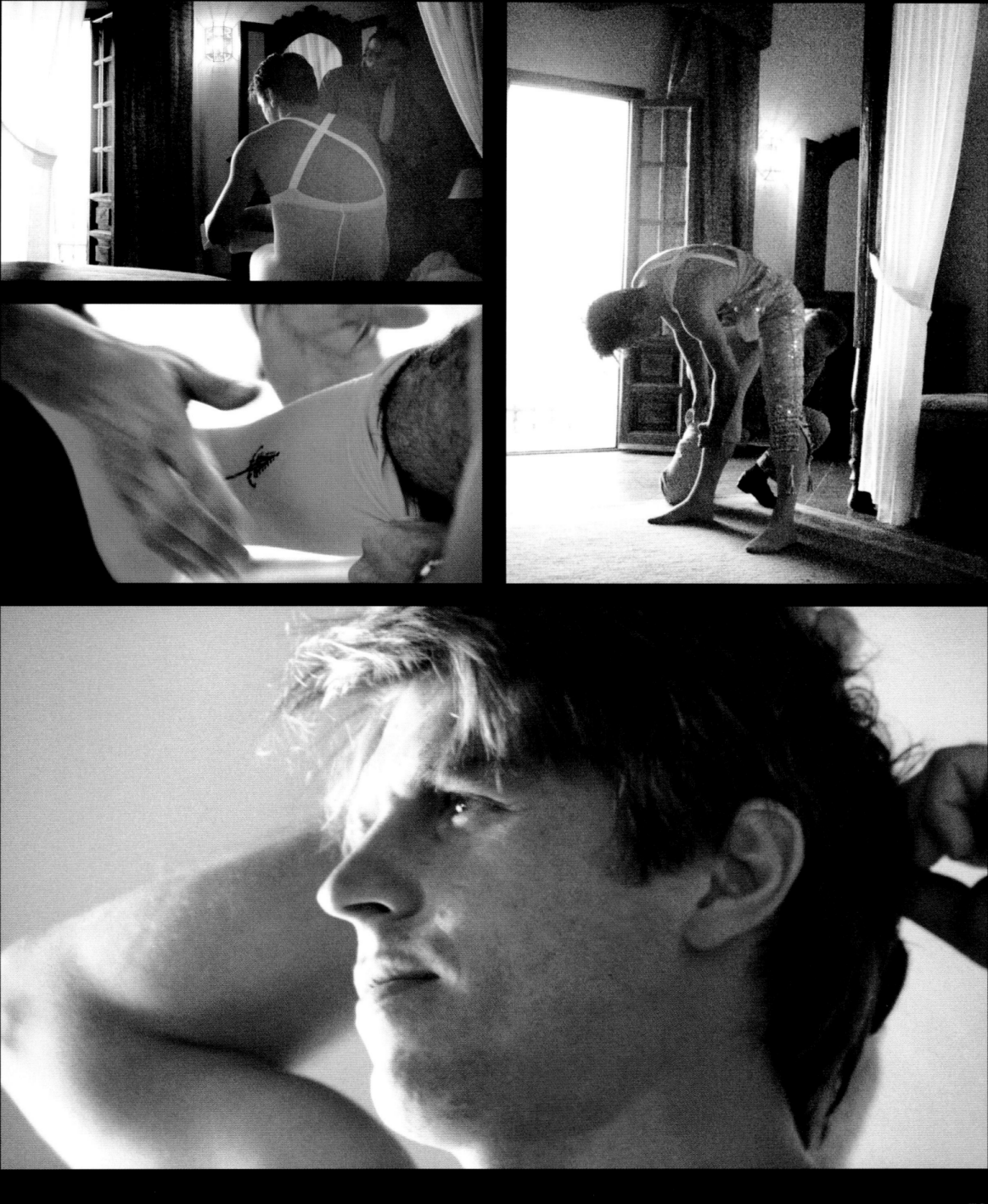

FABIO CAPELLO

El mundo taurino

Als mich der Fußballclub Real Madrid zum Trainer berief, sagte ich gerne zu. Ich freute mich auf die Arbeit mit dem Team, aber auch auf die spanische Kultur. Und natürlich dauerte es nicht lange, bis ich mich für die Welt der Stiere zu interessieren begann, die traditionell eine immens große Bedeutung hat und die Menschen dieses Landes seit Jahrhunderten fasziniert.

Nach einiger Zeit lernte ich den Züchter Victorino kennen, der mich eines Tages nach Sevilla einlud. Dort sollte ich an einer *corrida* teilnehmen, in der einige seiner Stiere kämpften. Meine erste *corrida.* Ich war nervös und gespannt, als wir Madrid mit dem Hochgeschwindigkeitszug verließen. Zweieinhalb Stunden später tauchte ich in die Welt der Stiere ein – hier drehte sich alles um *el toro* und die *corrida.* Selbst im Restaurant wurde nur über Stiere, Züchter und *toreros* gesprochen – welcher von ihnen etwas taugte, und welcher nicht, oder wen man fürchten oder nicht besonders ernst zu nehmen brauchte.

Während ich fasziniert den Gesprächen lauschte, wurde mir eine seltene, ganz besondere Ehre zuteil: Einer der Anwesenden lud mich ein, dem Ankleiden des Toreros »El Tato« beizuwohnen. Ich konnte es kaum fassen, dass ich das Allerheiligste der Stierwelt betreten durfte. Hier erlebte ich nun einen äußerst schwierigen, aber unglaublich wichtigen Moment mit dem *torero,* der in wenigen Minuten sein Leben aufs Spiel setzen würde.

In diesem Augenblick durchströmten mich tiefe Gefühle, die jede Faser meines Körpers, meines Geistes, durchdrangen und mich auf eine gewisse Weise an jene Gefühle erinnerten, die ich in der Umkleidekabine vor den Spielen meiner Mannschaft erlebe: die Konzentrationsphase, die wenigen Worte, die schweigenden Blicke und die auf jedes einzelne Detail verwendete Sorgfalt.

Dann betraten wir die Arena und tauchten in die Menge der Menschen ein, die tranken und rauchten, aufgeregt diskutierten oder sich entspannten. Eines aber wollten sie alle – sich in freudiger Erwartung dieses einzigartigen Ereignisses hingeben.

Als die *corrida* begann, steigerte sich meine Spannung ins Unerträgliche. Ich spürte, wie es mich aus dem Sitz riss, ich hörte mich plötzlich mit all meiner Kraft brüllen. Sei ein guter Stier, schrie ich, ein Stier, der sich seines Züchters Victorions als würdig erweist. Und ich hoffte von ganzem Herzen, dass er mutig und temperamentvoll sei, kraftvoll und voller Begeisterung kämpfte und seinen Kopf tief hielt, wenn er auf das rote Tuch losstürmte. Ebenso begeistert feuerte ich den *torero* an: dass er einen guten Tag haben und den Mut aufbringen möge, der in der Arena vonnöten war. Ich hoffte, dass es ihm gelänge, mit eleganten Bewegungen sicher und präzise die verschiedenen Figuren auszuführen und dabei so stark und gewandt, so schnell und leichtfüßig zu sein, dass er sich nicht nur den Respekt der Zuschauer in der Arena, sondern auch den des Stiers verdiente.

Als »EL Tato« an die Reihe kam, überschlugen sich meine Gedanken. Ich hoffte inständig, dem *torero* kein Unglück gebracht oder, noch schlimmer, ihm vielleicht durch meine Anwesenheit die Konzentration geraubt zu haben. Wir Sportler sind immens abergläubisch, und es ist immer leicht, etwas oder jemanden zu finden, dem man, falls einem das Glück nicht hold ist, die Schuld in die Schuhe schieben kann.

Doch »El Tato« verstand es, das Verhalten des Stiers zu lesen und es gelang ihm, das Tier in die richtigen Bahnen zu lenken. Perfekt glich er seine Bewegungen denen des Stieres an, so dass er ihn überall dahin führte, wo er ihn hinhaben wollte. Und der Stier folgte ihm bei den traditionsreichen Figuren, als handle es sich um einen Tanz, ja, er unterstützte »El Tato« in seinen Bewegungen auf eine Weise, die brillant war.

Applaus brandete immer wieder auf, wechselte mit Olé-Rufen.

Dann kam der Moment, der über Triumph oder Niederlage entschied – das Ende des Tanzes und die endgültige Herausforderung. Der Stoß mit dem Degen. Wieder zogen Gedanken über Glück und Unglück wie Spukgestalten durch meinen Kopf. Was, wenn es schief ging? Langsam dirigierte »El Tato« den Stier mit seiner *muleta* an die gewünschte Stelle. Dann sammelte er sich in höchster Konzentration, mit dem Degen in der Hand in der Arena stehend. Die Ruhe war unerträglich, keiner der Zuschauer applaudierte mehr oder sagte ein Wort. Es kam mir beinahe so vor, als holte das Publikum nicht einmal mehr Luft, um den *torero* und seinen Stier nicht zu stören, die beiden, die sich nun zum letzten Mal Aug' in Aug' gegenüberstanden.

»El Tato« ließ seine *muleta* tief über den Boden gleiten. Er zögerte noch einen letzten Augenblick, dann warf er sich dem Stier rasch und entschieden entgegen. Kraftvoll stach er zu und versenkte den Stahl bis zum Heft seines Degens in den Körper des Tieres. Die Zuschauer in der Arena sprangen auf, und wir fielen Victorino in die Arme. Alle schwenkten ihre weißen Taschentücher, um den Triumph des *toreros* zu feiern. Selten habe ich so starke Gefühle und eine so hohe Anspannung erlebt, wie in diesen Augenblicken.

Als wir nach Madrid zurückfuhren, schlief ich ein. Meine letzten Gedanken galten den Bilder dieses herrlichen Schauspiels, dem Mut und der hohen Kunstfertigkeit, die eine *corrida* ausmachen. Es würde nicht meine letzte sein.

ARENEROS

Prof. Heinz Berggruen

König Midas

Picassos Ruhm war in steilem Aufstieg begriffen. Er wurde, ganz gegen seine Absicht, zu einem *monument historique* stilisiert und hatte immer mehr Mühe, sich des Ansturms von unerwünschten Besuchern zu erwehren. Nichts verstörte ihn mehr, als Menschen zu begegnen, die zu seinem Werk im Grunde keine oder nur eine oberflächliche Beziehung hatten und die ihn mit den peinlichsten und törichtsten Fragen belästigten. Er wollte seine Zeit nicht mit Leuten vergeuden, die nur darauf aus waren, ein Autogramm zu ergattern, schließlich war er kein Filmstar. Small talk enervierte ihn. Viele Besucher kamen mit schön verpackten Gaben wie zu einem Geburtstagsbesuch. Er sah sich die Geschenke nie an, und so türmten sich die Pakete in einer Ecke des Ateliers und fingen Staub. Überhaupt war die Unordnung in seinem Atelier unbeschreiblich. Er hatte strenge Anweisung gegeben, dass nichts angerührt werden dürfe; er selbst fand sich in dieser Unordnung bestens zurecht.

Picasso war im Grunde bedürfnislos, was in seiner letzten Lebensspanne, als er in dem milden Klima des Südens lebte, nur umso deutlicher hervortrat. Ich habe ihn nie im Anzug gesehen, eine Krawatte besaß er wahrscheinlich gar nicht. Meist trug er Shorts, der gebräunte Oberkörper blieb frei, die nackten Füße steckten in Sandalen. Wenn es kühler war oder abends, wenn er ausging, trug er Cordhosen und einen Pullover.

Was Picasso vor allem schätzte, war, neben der Ruhe und Konzentration, die er auf sein Alterswerk verwendete, die Beziehung zu dem, was er früher geschaffen hatte. Er war immer gespannt, zu sehen, was ich an Arbeiten aus seiner Vergangenheit aufgetrieben hatte. Dies war sicher einer der Gründe, weshalb er mich gerne willkommen hieß. Ich zeigt ihm auch jedes Mal Bilder oder Zeichnungen, bei denen ich nicht sicher war, ob es sich nicht um Fälschungen handelte. Er schaute sie sich gründlich an, und wenn er nicht einverstanden war, durchkreuzte er die Signatur und schrieb auf die Rückseite, meist mit rotem Bleistift, *faux.*

Einmal zeigt er mir eine Reihe herrlicher Zeichnungen verschiedenen Formats zu einem seiner Lieblingsthemen, dem Stierkampf. Es waren vielleicht zwanzig oder dreißig Blätter. Sie lagen wild durcheinander auf dem großen Arbeitstisch ausgebreitet. Als ich Picasso verließ, hatte ich ein merkwürdiges Gefühl, irgendetwas beunruhigte mich. Ich fuhr mit meinem kleinen Wagen in den Ort hinunter, zurück zu meinem Hotel, und plötzlich wusste ich es. Ich stoppte an einem Geschäft für Malbedarf, kaufte eine Zeichenmappe aus Pappe, zahlte ein paar Francs, schrieb zwei, drei Zeilen, fuhr rasch wieder zurück zur Californie und gab die Mappe beim Hauswart ab.

Am nächsten Tag kam ein kurzer Brief von Picasso mit der Skizze eines Mannes, der sich über eine Zeichenmappe beugt, und dazu die Worte Merci Berggrune – mit der Orthographie meines Namens hatte er immer Schwierigkeiten – 4.9.59. Die bescheidene Pappmappe, die seine herrlichen Stierkampf-Zeichnungen schützen sollte, macht ihm sichtlich Freude.

Ein anderes Mal saßen wir mittags mit einer kleinen Gruppe in einem seiner Lieblingslokale, bei Felix auf der Croisette in Cannes. Der französische Staatshaushalt war wieder einmal in großen finanziellen Schwierigkeiten, die Inflation legte kräftig zu und eine Abwertung des Franc drohte. Die Regierung hatte gerade einen neuen 500 Franc-Schein herausgebracht. »Den habe ich noch nie gesehen«, sagte Picasso zu mir, »haben Sie einen dabei?« Er studierte die neue Banknote und kommentierte dann lächelnd: »Sehr interessant. Das ist also der neue Geldschein. Vielleicht sollte man mich zum Finanzminister machen, dann könnte ich das Land aus dem wirtschaftlichen Chaos retten.« Wir sahen ihn alle verwundert an. »Sehr einfach«, sagte Picasso. »Ich bin König Midas. In zwei Sekunden kann ich diesen 500 Franc-Schein ins Doppelte verwandeln.« Er zog einen kleinen Bleistift aus der Tasche, und in ein frei gebliebenes kreisförmiges Feld auf der Banknote (1 Zentimeter x 1 Zentimeter) zeichnet er blitzartig eine winzige *corrida*. »So« sagte er, »jetzt ist der Schein bestimmt das Doppelte wert.«

Am gleichen Abend erzählte ich die Geschichte ein paar Freunden und zeigte die 500 Franc-Note mit der *corrida*. Sofort holte einer tausend Franc aus der Tasche und übernahm den Schein. Daraufhin machten mir die anderen Vorwürfe. Ich hätte eine zu kommerzielle Einstellung, wie man nur so geldgierig sein könne. Da ich anschließend das Abendessen für alle bezahlte, ging diese Runde wohl an mich.

Einige Zeit später war ich mit meinem Freund wieder bei Picasso und wir verabschiedeten uns gerade, dann sagte er plötzlich zu mir: »Sie haben da ja noch eine Rolle. Was ist denn da drin?« – »Ein Exemplar Ihrer Minotauromachie«, antwortete ich unsicher und zögernd, »das ich bei Ihrem Drucker Lacourière erworben habe.« »Zeigen Sie mal«, sagte Picasso. Ich nahm das Blatt vorsichtig aus der Rolle. »Eigentlich hätte ich Sie gerne gebeten, es mir zu signieren, aber jetzt ist es vielleicht ungünstig.«Picassos Gesicht hellte sich auf und bekam einen ganz verschmitzten Ausdruck. »Doch«, sagte er, »ich signiere es gern.« Er nahm einen winzigen Bleistiftstummel, der auf dem Tisch lag, und schrieb: »Pour mon ami Bergruen (sic!) Picasso«

Der große Spanier begleitete uns auf den Vorhof seines Besitzes, gab uns schweigend die Hand und kehrte, leicht gebeugt, ins Haus zurück. Es war das letzte Mal, dass ich ihn sah.

Ein Mann voller Weisheit, Humor, Wortwitz und Toleranz, ein Kosmopolit, Menschenfreund und ebenso großer Freund der Kunst – so wurde mir Prof. Heinz Berggruen beschrieben, als ich mich traute, ihm einige Fotografien zu schicken und ihn zu bitten, einen Text für meinen Bildband zu schreiben. Seine weltweit bedeutendste Gemälde-Sammlung des Spaniers Picasso, der klassischen Moderne mit Klee, Matisse, Cézanne und Giacometti waren Berggruens große Liebe: »Ich sage ihnen jeden Tag Guten Morgen, Guten Abend und schlaft schön«! Vor seinem Leben verneige ich mich in zutiefster Bewunderung, vor seinem spontanen Ja und dem Text zu diesem Band in großer Dankbarkeit. Ich bedaure es überaus, ihn nun nicht mehr, wie verabredet, in Berlin treffen und ihm diesen Band überreichen zu können. Kurz vor der Publikation starb Prof. Heinz Berggruen Anfang März in Paris.

Anya Bartels-Suermondt

PATIO

PAUL SIMONON

London. El Paso. Madrid.

Erste Bekanntschaft mit dem Stierkampf machte ich im Alter von sieben Jahren. Damals bekam ich ein Bilderbuch von Munro Leaf mit dem Titel »Ferdinand der Stier« geschenkt. Ich war von dem Buch so begeistert, dass ich die Geschichte und die Abbildungen in ein Notizbuch übertrug, das ich bis heute aufhebe wie einen Schatz. Fortan spielten mein Bruder Nick und ich damals Stierkampf; einer von uns war der *torero* und benutzte ein Handtuch als Cape, der andere mimte den Stier und ahmte mit den Fingern dessen Hörner nach. Ich habe keine Ahnung, was uns auf diese Spielidee brachte; wir waren nie in Spanien gewesen, sondern lebten als ganz normale englische Kinder in London. Unser Elternhaus lag in der Nähe von Portobello Market – eine Fundgrube, wenn man sich für gebrauchte Schallplatten und Bücher interessiert. Dort entdeckte ich immer wieder alte Aufnahmen von Stierkampfmusik zu einem Spottpreis und so kam ich mit der Zeit zu einer ganzen Sammlung, die ich vor allem wegen der dramatischen Trompetenklänge liebe.

1986 kam ich dem Stierkampf noch einen Schritt näher, als ich mit einem Freund nach El Paso im Westen von Texas aufbrach. Nachdem wir einige Monate dort verbracht hatten, kauften wir uns zwei alte Motorräder und machten uns auf Richtung Los Angeles. Wir ließen und kreuz und quer treiben, auch durch die mexikanischen Grenzstädte und hier stellte ich fest, dass selbst die meisten dieser Orte eine eigene *plaza de toros* haben. In Los Angeles angekommen und eine Bleibe gefunden, besuchte ich von dort aus viele dieser mexikanischen Arenen erneut, um *corridas* zu sehen. Stierkämpfe waren auch im Amerika der fünfziger Jahre sehr populär und die Antiquariate in L. A. erwiesen sich als unerschöpfliche Informationsquelle. Damals las ich auch zum ersten Mal Hemingways »Tod am Nachmittag«.

Seit dieser Zeit gehe ich, wann immer sich die Gelegenheit bietet, zu *corridas* und habe mich nun auch entschieden, eine Serie von Bildern zu diesem Thema zu malen. Der Gedanke war mir gekommen, nachdem ich Zeuge wurde, wie ein *matador* in der Arena von einem Stier aufgespießt worden war. Die gespenstische Stille, der eiskalte Schauer des Entsetzens, der die Zuschauer packte, beeindruckten mich zutiefst. Wie die *cuadrilla* des *toreros* losstürzte, um Antonio Barrera sofort in sein Cape zu hüllen – dieses Bild erinnerte mich sofort an die Pietas von Christus. Stierkampf ist ein eigenartiges Phänomen, in dessen Zentrum Leidenschaft, Verehrung und Hingabe stehen.

Im Jahr 2004 fuhr ich zur wichtigsten Stierkampf-*feria* der Welt, nach Madrid zu »San Isidro« – vier Wochen täglich *toros* in der Arena, und das alles im Namen des Schutzheiligen Isidro. Mit der Zeit machte ich die Bekanntschaft von *matadores*, Stierzüchtern und vielen anderen Menschen, die mit der Stierkampfwelt zu tun haben. Ich lernte in diesen Wochen auch einen Haufen Leute aus aller Welt kennen, die sich nur wegen der

Stierkampfsaison trafen. Sie alle hegen eine tiefe Leidenschaft für den und aufrichtigen Respekt vor dem Stier. Sie betrachten ihn als kraftvolles und edles Geschöpf, dessen Leben man nicht in einem Schlachthof beenden sondern dem man die Chance geben sollte, noch im Tod seinen Mut und seine Schönheit unter Beweis zu stellen. Leute, denen das nicht bewusst ist, ziehen sich schnell den Missmut der *aficionados* zu. So wurde ich einmal Zeuge, wie ein Paar sich mitten in einem Kampf anschickte, die Arena zu verlassen. Die Reaktion der anderen Zuschauer kam prompt: »He, warum geht ihr jetzt? Habt ihr keinen Respekt vor dem Stier?« Eine andere Stimme höhnte: »Und außerdem ist dein Kleid hässlich.« Ein andermal betrat der Stier den Ring und die Menge reagierte mit Geräuschen, die man macht, um ein Kätzchen zu seiner Milchschale zu locken. Damit wollten die Leute den Züchter des Tieres und den Präsidenten wissen lassen, dass sie den Stier noch für zu klein zum Kämpfen hielten.

El mundo taurino ist ein ganz eigener und beeindruckender Kosmos, in dem jeder seine definierte Rolle hat, ein komplexes Werk aus Regeln und Kodices, eine Welt die, wenn man sie erst einmal zu verstehen beginnt, einen nicht mehr los lässt. Die schmetternden Trompeten, die den Beginn des Stierkampfes signalisieren, der Einzug der *matadore* und ihrer *cuadrillas*, alle in Gold und Silber gekleidet, die stämmigen *picadores* auf den gepolsterten Pferden und die Arbeiter in der Arena, die das ganze Schauspiel zusammenhalten. Dicke Wolken bläulichen Zigarrenrauchs ziehen über die Menge, während die Sonne das Rund wie eine riesige Pfanne zum Kochen bringt. Die Schwalben gleiten gravitätisch in der Brise über der Arena von Las Ventas. Die Marshals präsentieren ihre tänzelnden weißen Hengste, die im diffusen Licht bläulich erscheinen. Die nachmittäglichen Schatten kriechen langsam durch den Sand, bis der Donner der Hufe die wartende Gestalt erreicht. Dann das Wirbeln eines magentafarbenen Capes und der schwarze Koloss aus Muskeln rast an dem zierlichen menschlichen Körper vorbei ...

PASEILLO

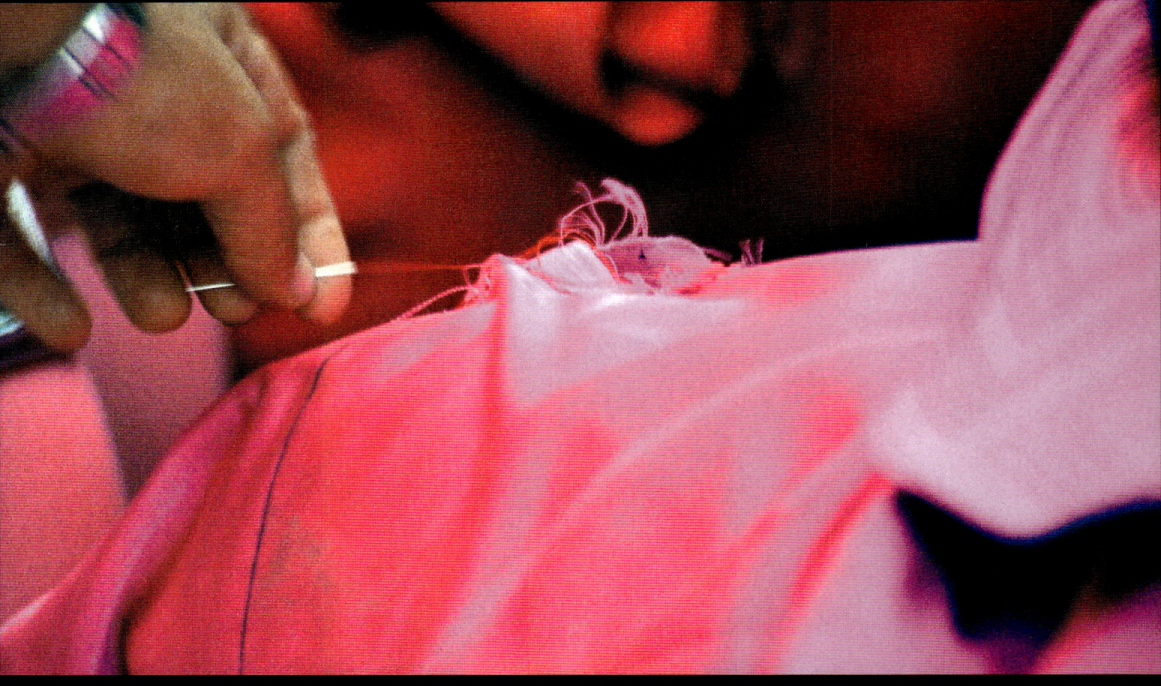

»Las Bellas Artes«

Um über die Liebe zur Corrida zu schreiben, kann es keinen besseren Ort geben als Sevilla. Warum? Weil es in Sevilla *duende* gibt. *Duende* ist Magie, etwas, das man mit Logik nicht erklären kann, etwas, das uns berührt und auf eine andere Ebene versetzt. Es ist etwas Übermenschliches und wir können uns glücklich schätzen, wenn wir es miterleben dürfen. *Duende* existiert. Manche nennen es auch einfach Kunst.

Jeder hat seine eigene Definition von Kunst. Warum lieben manche Menschen Musik? Rein technisch betrachtet ist Musik nichts anderes als gezupfte kleine Saiten oder Luft, die über Löcher streicht, wodurch Geräusche entstehen. Oder warum schwärmen manche für Ballett? Banal gesprochen handelt es sich dabei um nichts anderes als um Leute, die sich zu Musik bewegen. Und die Malerei? Ein Nebeneinander von Farben, oft nicht einmal bildhaft. Fotos geben die Realität viel exakter wieder – aber dennoch, auch die Fotografie ist eine Form von Kunst. Kunst lässt sich nicht in ihre Bestandteile zerlegen. Sie existiert in ihrer Gesamtheit und sie existiert, weil sie Gefühle erzeugt. Bestimmte Noten im Zusammenspiel – nebeneinander angeordnete Farben oder Bewegung, die mit der Musik verschmilzt: Wenn sie gut ausgeführt sind, rufen diese Kombinationen in uns eine Reaktion hervor. Und das macht einen Teil der Kunst aus. Wie bei duende ist es die Ungläubigkeit angesichts ihrer Existenz, die Tatsache, dass jemand Kunst erzeugen und uns damit so tief berühren kann.

Für unsere Gefühlsäußerungen steht uns Menschen ein allgemein gültiges Spektrum zur Verfügung, aus dem wir unabhängig von unserer Nationalität und kulturellen Zugehörigkeit schöpfen können. Wir lachen, wenn etwas lustig ist, wir lächeln, wenn wir glücklich sind, wir weinen, wenn uns etwas bekümmert, wir schnappen nach Luft oder schreien, wenn uns die Angst packt. Diese universellen Ausdrucksmittel kommen instinktiv aus unserem Inneren. In der Interaktion mit anderen unterscheiden wir uns jedoch – wir küssen verschieden, begrüßen uns auf unterschiedliche Weise und halten unsere Beine, Füße und Arme auf unverwechselbare Art.

Kunst als Reaktion eines Individuums auf Gesehenes oder Gehörtes ist ebenfalls universell und kommt aus der Seele. Zwar prägt die Kultur unsere Reaktionen auf bestimmte Kunstformen, weshalb auch die meisten Menschen am stärksten auf das Reagieren, was sie von klein auf kennen. Trotzdem muss Kunst nicht in der eigenen Kultur verankert sein. Nehmen Sie zum Beispiel afrikanische Musik: sie unterscheidet sich stark von Mozart oder Beethoven – trotzdem werden die meisten Menschen beide Varianten als Kunst begreifen. Manche reagieren schon, wenn sie afrikanischen Trommeln zum ersten Mal hören und sind von ihrem stampfenden, treibenden Rhythmus gefesselt. Genauso kann jemand schon von seinem ersten Tango verführt werden – oder seinen ersten Opern- oder Ballettbesuch als ein Wunder empfinden, selbst wenn er oder sie diesen Kunstformen vorher noch nie begegnet ist.

Stierkampf ist Kunst, wie Ballett oder ein Konzert, ein Schauspiel oder eine Oper. Eine Corrida löst beim Betrachter Reaktionen aus und kreiert Gefühle. Die Nationalität hat nichts mit dem Gefallen an dieser Form von Kunst zu tun. Es kommt darauf an, einen – hoffentlich guten – Stierkampf live miterleben zu können.

Die meisten Nicht-Spanier bekommen einen Stier nie live zu Gesicht, sie können also nicht wissen, ob sie in ihrem Innern ein Faible für die toros haben. Nur: Wie kann man Ehrfurcht vor Mozarts, vor Beethovens Werk empfinden, wenn man nie eine seiner Kompositionen gehört hat? Wie Picasso bewundern, wenn man nie eines seiner Bilder zu Gesicht bekommen hat? Man muss Kunst selbst erleben. Kunst ist nichts Intellektuelles – vielmehr handelt es sich um die ultimative Interaktion mit der menschlichen Seele, mit unserer universellen menschlichen Seele, die Sprache und kulturelle Gepflogenheiten überwindet.

Nicht jeder mag jede Form von Kunst, das ist ganz normal. Unter Kunst versteht man in erster Linie das, was einem selbst gefällt. Und es gibt viele verschiedene Auffassungen davon, was Kunst ist – vielleicht so viele, wie es Individuen auf der Welt gibt. Nehmen wir nur einmal die von Christo in New York installierten Gates. Handelte es sich dabei um Kunst? Ist etwas, das eine ganze Stadt verändert – das Leute erstaunt unter orangefarbenen Tüchern wandeln, sie wie Kinder lächeln und mit gänzlich Fremden über das sprechen lässt, was sie gerade sehen – ist das Kunst? Ich als New Yorker kam mir jedenfalls wie in eine andere Dimension versetzt vor, wenn ich in jenen Tagen durch den Park spazierte. Für mich war das eine Transzendenz-Erfahrung. Ich nenne es Kunst.

Aber welches ist der Moment, an dem etwas zu Kunst wird? Ich persönlich mag die meisten Opern nicht, dafür fasziniert mich Tango. Ich bin kein Fan des Cante Hondo – aber ich liebe Pasodoble und Jota. Ich hasse Boxen und liebe den Stierkampf – beide werden ja oft als »blutige« Spektakel bezeichnet. Ich vermute, dass ich dem Hahnenkampf nichts abgewinnen könnte. Allerdings habe ich auch noch nie einen mit angesehen, wie soll ich es also mit Bestimmtheit wissen? Aber Boxen? Es handelt sich um eine Sportart – oder ist es eine Kunst? Wenn beispielsweise Roger Federer Tennis spielt, ist das Sport – in meinen Augen aber zugleich auch eine Kunst, denn ich hätte mir nie vorstellen können, dass man so übermenschlich gut zu spielen vermag. Oder nehmen wir einen großen Koch wie Ferran Adria und seine wunderbaren Kreationen – ist das noch Kochen oder schon Kunst? Wenn Bobby Fischer Schach spielt, tut er genau das, er spielt. Wenn man eine Sportart oder ein Spiel gut kennt und dann einem Meister dabei zusieht, wie er die Vorstellungen vom Menschenmöglichen übersteigt – nun, das ist dann vielleicht Kunst, vielleicht duende.

Wir sind also von Kunst umgeben – von Überraschungen – von Staunen – von *duende* – die uns an Orte führt, von deren Existenz wir nicht einmal wussten. Der Stierkampf ist eine von diesen Künsten. In der Plaza de Toros herrscht sie nachmittags für zwei Stunden – sie fesselt und entführt einen in eine andere Welt. Aber das vermögen auch Musik, Tanz, Malerei, Bildhauerei, Oper – schließlich gibt es zahlreiche Künste. Wie der Stierkampf so haben auch die genannten keine andere Sprache als die, die sich unmittelbar an unsere Seele richtet. Sie haben keine Grenzen außer jener eigenen, die man nur am Ort des Geschehens erfühlen kann. Manche Künste dauern ewig – und manche nur einen Augenblick, lassen sich nie mehr genau so wiederholen, aber sie leben in der Erinnerung des Menschen, der duende in seine Seele gelassen hat, für immer fort.

CAPOTE

ALBERT OSTERMAIER

el toro triste

er stiert auf den boden den tanzenden
staub der mittag glüht seine hitze
durch die schlitze der jalousien und
zugezogenen blumenstoffe er kann den
schweren atem sehen das hereinfallende
licht das immer einen weg findet seine
labyrinthischen gänge um ihn zu ziehen
um sein herz das die gebrochenen
flügel sammelt die schmetterlinge die
es auf seine hörner nahm zu fliegen
für einen tag die taubheit der beine
zu vergessen das ungeheuer das in
seinen körper schlief gegen seine brust
drückte ohne dass er es spürte er fühlt
nur das gewicht seine unendlichkeit

und den wunsch wenn sie unter seinem
fenster schreien ein schatten zu sein
der an ihren bewegungen hing und der
choreographie der sonne folgte ihren
stechenden strahlen in seinen augen jetzt
wo er zum schlagenden rahmen rollte
den schmerz im nacken das hemd offen
das man den roten faden sah der dort
lief von seinem herz zu den füssen
und durchschnitten war von einer
narbe einer saite die zu schwingen
begann für einen augenblick wenn
er den kopf in den vorhang tauchte
in die klinge des windes und den gesang
der grässer deren erinnerung über
seinen rücken lief bis zum horizont

PICADORES

ANNE LINSEL

Tauromaquia

Die große Arena von Nîmes Mitte der sechziger Jahre: Dort erlebte ich als junge Studentin während einer Reise durch Südfrankreich meinen ersten Stierkampf. Verwirrung, Unverständnis, Angst, Fremdheit und Erschrecken, das waren die Emotionen, mit denen ich diesem Spektakel begegnete. Aber schon damals ging eine merkwürdige Faszination von diesem tödlichen Tanz von Mensch und Tier aus.

Während des Studiums der Kunstgeschichte beschäftigte ich mich eher theoretisch mit dem Thema – eine schöne Pflicht, denn die Auseinandersetzung war verbunden mit Picasso, durch dessen Werk sich der Stierkampf wie ein roter Faden zieht. Schon der geniale Knabe zeichnete den Stier und den *torero* – Picassos Vater hatte den kleinen Pablo früh mitgenommen in die Arena. Später widmete sich der Künstler immer wieder der *corrida*, es entstanden ganze Zyklen in verschiedenen Techniken. Dabei interessierte den Maler nicht unbedingt die Abfolge eines Kampfes, sondern die meist dramatischen Momente zwischen Mensch und Tier. Schon auf den Kinderzeichnungen waren es diese magischen Augenblicke: der *torero*, von den Hörnern des Stiers hochgehoben, wirbelt durch die Luft, dem Tier unterlegen. Oder ein *matador*, der zum Todesstoß ansetzt. Eine einzigartige Bewegung. Ein Moment der allerhöchsten Konzentration. Der Kampf auf dem Höhepunkt.

Vor drei Jahren schließlich erhielt ich einen Auftrag, der mich mitten hinein führen sollte, ja, der mich die magische Tauromaquia erleben ließ: Für das Deutsche Fernsehen sollte ich ein Portrait über Pablo Picasso drehen. Mit der Biografie des Künstlers, mit Niederschriften von Gesprächen, die Picasso mit Freunden und Kritikern geführt hat. Mit den vielen Fotografien, die ihn als leidenschaftlichen Zuschauer in der Arena zeigen. Denn der Stierkampf war für Picasso mehr als eine interessante Freizeitbeschäftigung und Motiv für seine Bilder – er war existenziell. In jungen Jahren verkaufte er sogar ein paar Zeichnungen, um an Geld für den Eintritt zu kommen. Denn das Spiel in der Arena mit höchstem Risiko, der größten Gefährdung: es war sein eigenes als Künstler. Malen, Zeichnen, Formen, das war ein Kampf um Leben und Tod, der sich täglich im Atelier auf der Leinwand oder auf Papier abspielte. Andererseits diente der Stierkampf ihm aber auch als Lebenshilfe: Picasso durfte und wollte das Spanien Francos nicht mehr betreten. Und immer, wenn ihn im französischen Exil das Heimweh nach Spanien packte – und das geschah bis zu seinem Lebensende –, ging er zu einer *corrida*, mit Françoise Gilot, später mit seiner letzten Gefährtin Jacqueline oder mit seinem spanischen Freund und Friseur Arias. Der Stierkampf durchdrang sein ganzes Leben. Und das hatte zum Teil auch komische Auswirkungen. So erzählte mir Picassos Tochter Maya, dass der abergläubische Vater so manches Ritual gegen seine Todesangst vollzog und Verbote erließ. Ein Hut auf dem Bett? Um Gottes Willen, niemals. Der Grund: Stirbt ein *torero*, so wird dem toten Stierkämpfer der Hut auf das Totenbett gelegt.

Ein Film also über die »Legende Picasso«. Die Journalistin und Fotografin Anya Bartels-Suermondt wurde engagiert, um mir zu helfen. Eine Deutsche in Spanien, perfekt in der fremden Sprache, vertraut mit dem Medium Film und mit besten Kontakten. So auch zu all jenen in Spanien, die mit dem Stierkampf zu tun haben. Erlegen war sie der Faszination Stierkampf schon immer, als Fotografin hat sie diese Leidenschaft nun zum Beruf gemacht. Natürlich mussten wir für das Portrait des berühmtesten Künstlers des 20. Jahrhunderts nicht nur an Originalschauplätzen – vor allem in Barcelona, wo Picasso als junger Mann gelebt hatte – drehen, sondern vor allem auch eine *corrida* aufnehmen. In Barcelona war es soweit, ich erlebte meinen zweiten Stierkampf: Die Menschenmassen vor der Arena, das Suchen des Platzes, die Anspannung der Zuschauer zu Beginn, dann das laute Schreien, Lachen, Klatschen, aber auch die unglaubliche Stille während des Kampfes. Das Spiel mit Tuch und Mantel, die Eleganz der Bewegungen, die Körperhaltung des *toreros,* die Wucht des Tieres, die Kraft, das Majestätische, die Unerschrockenheit, der Mut – plötzlich verstand ich etwas von der Schönheit und dem Schrecken dieses Kampfes. Und diese beiden Elemente, die eine *corrida* ausmachen, diese Magie zwischen Zauber, Tanz und Tod, hält Anya Bartels-Suermondt mit ihrer Kamera auf besondere und eindrückliche Weise fest – damals während der Dreharbeiten und immer wieder, in allen Arenen des Landes. Sie hat sich mit ihrer ernsthaften Arbeit und ihren außergewöhnlichen Fotografien das Vertrauen der *toreros* und der Spanier erworben. Für mich aber ist das Schönste an ihren Stierkampf-Fotografien, dass sie diesem grandiosen Schauspiel immer einen Rest Geheimnis lassen.

BANDERILLEROS

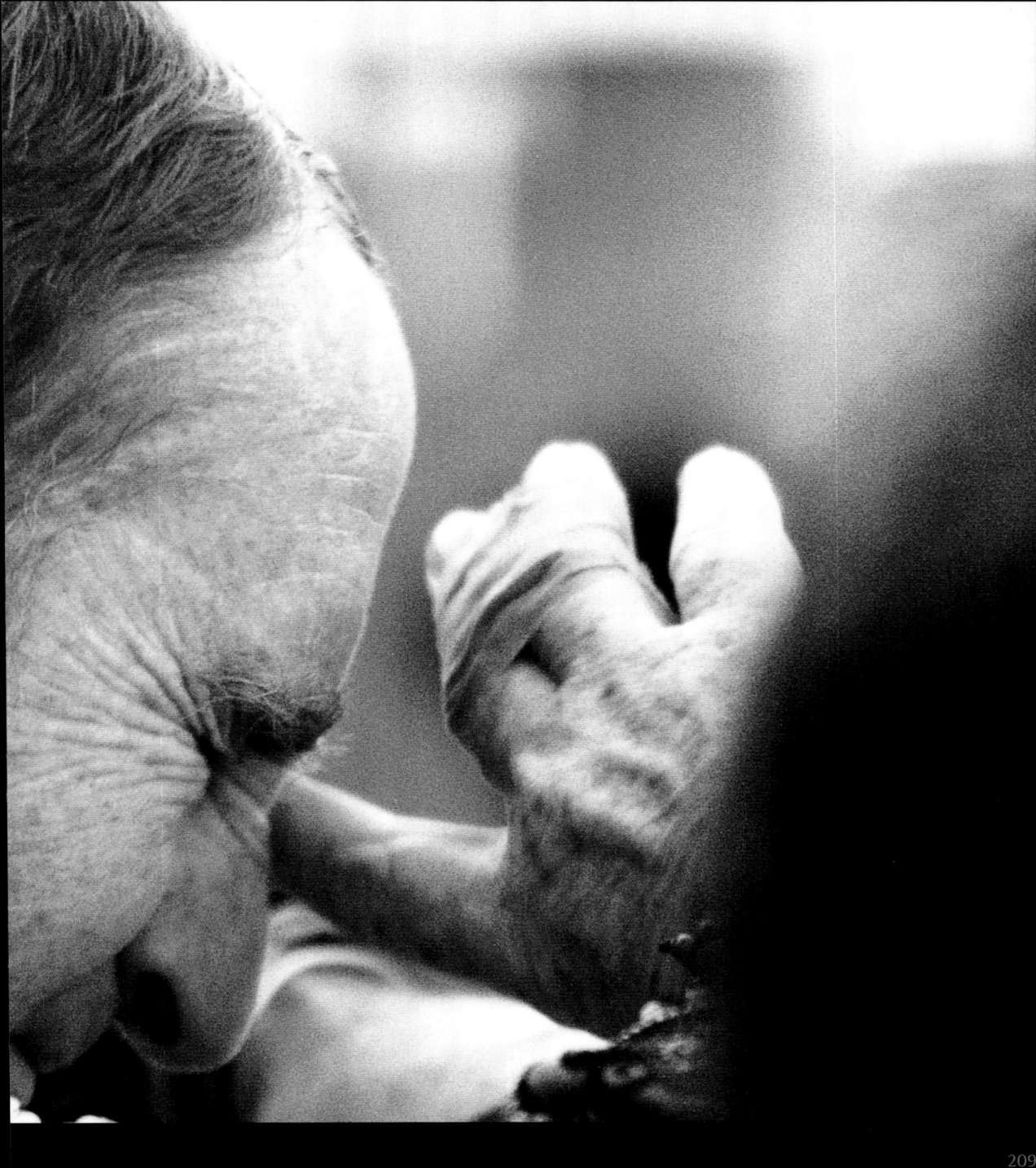

Noel J. Chandler

Das Leben eines Taurino

In den vergangenen fünfzig Jahre ist eine der wenigen Konstanten in meinem Leben die Liebe zu *los toros* und der *fiesta brava*. Ich habe etwa dreitausend *corridas* besucht und nun, wo ich pensioniert bin, sehe ich etwa 130 pro Jahr. Diese Zahlen betrachte ich nicht als eine Art Verdienst, ich nenne sie nur, um zu verdeutlichen, dass meine *aficion* für *los toros* nie flüchtiger Natur war. Ich bin kein Missionar der *toros* und genau genommen ist dies das erste Mal seit Jahren, dass ich etwas für die Öffentlichkeit darüber schreibe. Als meine liebe Freundin und *aficionada*-Vertraute Anya mich jedoch bat, einen Beitrag für dieses Buch zu verfassen, da konnte ich nicht widerstehen. Ich werde hier versuchen zu erklären, wie warum ich über einen so langen Zeitraum *aficionado* und *taurino* geblieben bin.

Das Geheimnis des anhaltenden Charmes, den die *fiesta brava* ausmacht, ist in meinen Augen die sich ständig weiterentwickelnde Kultur. Diese kommt in der *corrida* selbst am deutlichsten zum Ausdruck, aber auch in allen damit zusammenhängenden Bereichen wie Zucht, Genetik, Sprache, Musik, Streitkultur sowie in einem ungeheuren Opus aus Kunst und Literatur. Es ist eine ganz eigene Welt mit ihrer eigenen Politik und Sprache, mit Helden und Schurken, Reichen und Armen, Triumphen und Tragödien. Man kann in diese Kultur eintauchen und dort sein ganzes Leben verbringen, mit Lesen, Lernen, Debattieren und natürlich mit dem regelmäßigen Besuch von *corridas*. Aber selbst dann dürfte man zu der Einsicht kommen, dass es jeden Tag etwas Neues und oft Erstaunliches zu lernen gibt.

Als ich vor diesen vielen Jahren zum ersten Mal eine *plaza de toros* betrat, wusste ich natürlich noch nichts von all diesen Dingen. Ich reiste damals durch Andalusien und mein tägliches Budget belief sich auf 150 Peseten, auf heutige Verhältnisse umgerechnet weniger als 1 Euro. Das ländliche Andalusien der fünfziger und sechziger Jahre unterschied sich kaum von dem des 19. Jahrhunderts, deshalb war ich mit meinen 150 Peseten sogar besser gestellt als die meisten Einheimischen. Ich würde gerne behaupten, mich ganz genau an meine erste *corrida* zu erinnern, aber die Kombination aus glühender Sonne und den endlos herumgereichten Wein-*botas* ließ mich mit ein paar diffusen Bildern im Alkoholnebel zurück. Ich erinnerte mich aber genau an Kraft und Schönheit, die die *toros* ausstrahlten. Und ganz sicher ist, dass ich die *plaza de toros* mit der Gewissheit verließ, etwas erlebt zu haben, was sich fundamental von allem unterschied, was ich bis dato in meinem Leben gesehen hatte. Ohne es zu wissen, hatte ich damals den ersten Schritt einer sehr langen Reise getan. Mein Besuch in Andalusien war eine Zeit der Verzauberung und Entdeckung für mich und ich erkannte erst später, welches Glück ich dabei hatte. Denn innerhalb von etwa zehn Jahren sollten enorme Veränderungen, vor allem ausgelöst durch den Tourismus, dafür Sorgen, dass ein Teil der ursprünglichen Lebensart im Süden abhanden kam. Und damit möchte ich wirklich nichts verklären: Ich habe keine falsche romantische Vorstellung von jener Zeit. Der Alltag war für die meisten Menschen ein Überlebenskampf, schlechte Ernährung und Armut waren weit verbreitet. Ein Zimmer in einer Pension bekam man für etwa 25 Pesetas, allerdings fast immer ohne die Dinge, die wir heute für selbstverständlich halten: Ventilator, Dusche, Toilette oder auch nur fließendes Wasser. Ein Menu del Dia kostete 10 Pesetas, war aufgrund der hygienischen Bedingungen dem Magen aber nicht immer unbedingt zuträglich. Die Bedingungen waren also hart, aber die Erlebnisse unvergesslich. Als junger *aficionado* im Aufbruch befand ich mich, ohne es zu wissen, damals zur rechten Zeit am rechten Ort. Die *fiesta brava* war ein sehr bedeutender Bestandteil des Lebens der meisten Spanier. Fernsehen gab es noch nicht. In den ländlichen Regionen wurden Filme, wenn überhaupt dann nur stark zensiert an einem Samstagabend auf einer Leinwand an der *plaza mayor* des Dorfes gezeigt. Fußball war zwar schon beliebt, aber gnädigerweise noch keine so manische Obsession in Spanien. Die *Corrida de Toros* war eine der wenigen Gelegenheiten, bei denen man sich traf, debattierte und leidenschaftlich auslebte, manchmal bis an die Grenzen der öffentlichen Ordnung – wobei der Präsident der *corrida* fast immer ein Vertreter des Regimes, also ein Offizier von Polizei, Armee oder Guardia Civil war. Man könnte sagen, *los toros* seien die einzige Attraktion der Stadt gewesen, was für einen jungen *aficionado* wunderbar war. Dazu kam, dass jene Ära sich als eine der wichtigsten Phasen in der Geschichte der *fiesta brava* erweisen sollte: Damals gab es eine unvergleichliche Gruppe von über dreißig *toreros* mit ungeheuren und vielfältigen Talenten. Ich habe sie alle genossen, am meisten hat mich aber der einzigartige Antonio Ordoñez begeistert. Kaum hatte ich ein bisschen Geld gespart, fuhr ich nach Spanien um ihn zu sehen. Auch begeisterten mich dann die wichtigen ferias wie die in Sevilla, Valencia, Madrid, Pamplona oder Bilbao. Sie wurden zu Fixpunkten in meinem Kalender und sind es bis heute geblieben.

Pamplona verdient dabei sicher eine besondere Erwähnung. Ich hatte von der *feria de San Fermin* bislang gehört. Von dieser wilden Festwoche, in der allmorgendlich die berühmten *encierros* stattfinden. In einem Jahr machte ich mich auf, um das Spektakel selbst mit anzusehen und war fortan süchtig danach. Anfangs verführte mich hier das Trinken und Feiern sowie die herrlich überschäumende Freude mit der die Menschen aus Navarra ihre fiesta feiern. Dann wagte ich mich selbst in die *encierros*. Ich hatte das Glück, mich mit einigen der besten Läufer jener Tage anzufreunden. Von ihnen habe ich die Regeln gelernt und den Respekt eines echten San-Fermin-Läufers vor dem *toro bravo* erfahren. Ich habe immer versucht, ihnen und ihrer edlen Haltung nachzueifern. Bald wurde der *encierro* ein grundlegender Bestandteil meines Lebens. In welchem Land auch immer ich mich im Laufe des Jahres aufhielt, der Encierro war in meinen Gedanken immer präsent und ich widmete der körperlichen Vorbereitung und dem Sprinttraining einen beachtlichen Teil meiner Zeit. Bis 1998 konnte ich an den *encierros* teilnehmen, erst dann forderten die Jahre und wiederholte Verletzungen ihren Tribut. San Fermin hat mir so viel gegeben – die intensivsten Empfindungen von Furcht und Freude, die dauerhaftesten Freundschaften, Tragödien, Spaß, Liebe. Ich kann mir mein Leben ohne San Fermin gar nicht vorstellen.

1966 wurde ich für eine internationale Firma in die Karibik geschickt, lebte dort einige Jahre in Kingston Town auf Jamaika und war von dort aus auch zuständig für alle Südamerikanischen Länder. Wundervolle Chance, meinen Chefs immer dann dringende Geschäfte in Mexiko, Ecuador oder Peru vorzugaukeln, wenn dort zweitgleich die großen Stierkämpfe liefen. Gewöhnlich empfand ich nämlich meine Anwesenheit in diesen Ländern gerade während der *corridas* als notwenig für das fortkommen der Firma ...! Es half, dass die von mir dort eingefädelten Geschäfte gut liefen und so fiel niemandem etwas auf und ich sah einen Haufen Stierkämpfe.

Besagter Antonio Ordoñez war der Erste, der mir *el toreo* als hohe Kunst präsentierte; er war der majestätischste *torero*, den ich je gesehen habe, und hat mich für immer geprägt. Selbst nachdem er seine Karriere 1991 beendet hatte, flog ich egal von wo in der Welt los, um mir seinen alljährlichen triumphalen Auftritt bei der Goyesca-*corrida* in seinem Geburtsort Ronda anzusehen. Viele Anhänger von Antonio Ordoñez verloren nach seinem Rücktritt ihre Aficion. Meine Leidenschaft für den Stierkampf wurde jedoch von Toreros wie Ruiz Miguel weiterhin genährt, dann gab es noch Paquirri und Esplá, El Yiyo, Robles, den großen Añtoñete mit seinem Comeback in den Achtzigern, Rincon, Manzanares, Joselito und zuletzt José Tomás, der die Welt der Stiere für kurze Zeit glorreich regierte.

1995 saß ich in Singapur, bekam endlich meine Pensionierung, packte sofort meine Sachen und war nur ein paar Tage später in Sevilla wo der junge Rivera Ordoñez mit einer triumphalen *alternativa* unvermittelt in die Welt der Stiere einbrach. Ich zog kurze Zeit später nach Madrid und widme seitdem den Großteil meiner Zeit in der Saison von März bis Oktober los toros. Nach seinem Auftritt in Sevilla galt Rivera innerhalb von Stunden als neue Sensation – mit fünfzig Vertragsangeboten. Bald maß er sich schon täglich mit den beiden großen Zeitgenossen jener Jahre, Joselito und Ponce. Ich lernte Rivera damals gut kennen und bereits am Ende jenes Jahres war ich Teil seiner Entourage – und bin es bis heute. Ich empfinde es irgendwie als angemessen, dass ich den Enkel meines Lieblings-*toreros* unterstütze. Tag für Tag folgte ich ihm fortan kreuz und quer durch Spanien, genoss die Triumphe und litt mit ihm bei Niederlagen. Ich habe dabei viel gelernt und Dinge erlebt, die normalerweise dem engsten Kreis um den *matador* vorbehalten sind. Von 1995 bis 1999 war Rivera in Hochform und wir erlebten einige verrückte Sommer: Mein treuer Audi hatte damals nicht selten für mich in nur dreißig Tagen einen Service von bis zu 15 000 Kilometer zu leisten.

Ich schreibe dies hier an einem kalten Dezembertag in Madrid. Wieder ging ein *corrida*-Jahr zu Ende, und selbst die strengsten Kritiker schreiben, dass 2006 ein sehr gutes Jahr war. Zum ersten Mal in der Geschichte des Stierkampfs wurde mit Sebastian Castella ein Franzose zum erfolgreichsten *torero* der spanischen Saison erklärt. Ein anderer meiner Favoriten, Perera, lag nur knapp dahinter. Die jüngste Sensation war Alejandro Talavante, ein *torero*, der den großen José Tomás zum Vorbild hat. 2007 könnte also auch ein gutes Jahr werden ...

Im Spanischen gibt es ein Sprichwort, wonach für einen *aficionado* drei Dinge entscheidend sind: Zeit, Geld und ein gutes Auto. Zeit und Geld gehen bei mir langsam zur Neige, aber der Audi hält für immer. Ich kann es kaum erwarten, wieder »*on the road*« zu sein.

TENDIDOS

REINHOLD BECKMANN

Der Augenblick davor oder die seltsame Lust am Tod in der Arena

Wir waren damals in den siebziger Jahren schon eine merkwürdig unbestimmte Generation. Absolut nicht politisch korrekt, eigentlich nie ernsthaft engagiert, sondern meistens unterwegs zu uns selbst. Sicher, der Schutz der Delfine und das drohende Walsterben in den Weltmeeren ließen uns schon mal melancholisch werden. Aber das verging wieder – gehandelt haben nur die wenigsten von uns. Provozieren konnte uns kaum etwas, dafür war die Welt zu flüchtig und unsere Träume waren zu unstet. Es gab nur wenig, was uns wirklich wütend machte. Aber einer gehörte mit Sicherheit dazu, der Macho und dessen mediterrane Steigerung: der *torero*. Zugegeben, ich hatte damals noch kein Exemplar dieser Spezies kennen gelernt, also hielt ich mich einfach an den Prototyp, der mir in der Schule vorgestellt wurde.

Diese erste Begegnung mit einem *torero* verdanke ich dem Lehrplan und meinem Englischlehrer. Ernest Hemingways »Death in the Afternoon« war für uns eine quälende Lektüre – ein seltsam fremder Ausflug in eine blutige und brutale Welt. Dieser hemdsärmelige Hemingway, der immer den ganzen Kerl gab, war uns eigentlich nicht besonders sympathisch, im Gegenteil. »*A man can be destroyed but not defeated*«, schwadronierte der Amerikaner. Das mochte schon sein, doch uns beeindruckte wenig, dass er offenbar alles versucht hatte, die Lust der Spanier auf die tödliche Begegnung mit dem *toro* selbst ganz unmittelbar zu erfahren. Angeblich soll er sich ja während seines Spanienabenteuers persönlich als Stierkämpfer in die Arena gewagt haben, um so genau wie möglich über *picadores* und *bandilleros* schreiben zu können. Jeder wie er mag – nur was ihn wirklich daran faszinierte, erreichte uns damals nicht.

Hemingway glaubte daran, etwas über das Leben und damit das Schreiben zu lernen, indem er »mit den einfachsten Dingen begann«. Wir verstanden nicht, warum für ihn das Allereinfachste und Fundamentalste der gewaltsame Tod war. Und da die Kriege fürs erste vorbei waren, schien ihm die Arena offenbar der einzige Ort, wo er Leben und Tod unmittelbar erleben konnte. Eine eigenwillige und eine gnadenlose Logik, mit der ich so wenig etwas anfangen konnten wie mit der nackten Gewalt selbst. Denn wir diskutierten nicht über derlei Dinge. Wenn wir uns trafen, redeten wir über die Straßen nach Süden, immer wieder, bis wir irgendwann tatsächlich dorthin aufbrachen. Unterwegs zu sein, war wichtiger als anzukommen. Und wenn es überhaupt ein Ziel gab, dann war es, ein Land im doppelten Sinne zu erfahren. Möglichst dort, wo keiner auf uns wartete.

Und genau hier habe ich ihn zum zweiten Mal getroffen, den *torero*. Die Szene hätte in keinem Film besser inszeniert werden können. Es war wie das Klischee eines klassischen Showdowns und wir mitten drin. Ich war damals mit ein paar jungen Leuten im Roussilion unterwegs, nahe der spanischen Grenze. Nach stundenlanger Fahrt hatten wir ziemlich fertig und verschwitzt den Ort Saint Cyprien erreicht. Hier, im einstigen katalanischen Gebiet, war der spanische Stierkampf zu Hause. In einer Kneipe lernten wir ein paar Franzosen kennen, die uns spontan zu jenem Spektakel einluden, das dort offenbar niemand versäumen wollte.

Als wir aus der flirrenden Sonne in die vollbesetzte Arena traten, schien die Zeit für einen Moment angehalten. Wir tauchten ein in ein Meer andächtiger Stille. Gespannte Aufmerksamkeit auf den Rängen, um mich herum vorwiegend Männer jeden Alters, unten in der Arena keine Bewegung. Es war der Augenblick kurz bevor der erste Stier hereinstürmen sollte. Alle Augen waren auf das Tor gerichtet, hinter dem der *toro* hervorbrechen würde. Das Ganze hatte etwas von einem seltsamen Gottesdienst.

Dann begann es – unvermittelt, rau, unmittelbar vor unseren Augen – das Duell von Mensch und Stier, das blutige Ballett in der Arena. Undenkbar, jetzt einfach wieder zu gehen. Erst zögerlich, dann ohne Wahl ließen wir uns auf das Geschehen ein. Die Emotionen schlugen hoch, es wurde immer schwieriger, eine Distanz zu wahren. Wir fühlten uns unwohl und spürten im gleichen Moment, wie wir zu Voyeuren wurden. Der Blick auf die blutigen Bilder. Das Hinfiebern des Publikums auf den Todesstoß. Sprachlos verfolgten wir den Tanz des Todes. Kühle Eleganz gegen die explosive Kraft der Natur – ein ungleiches Spiel. Dennoch: Die grausame Szene hatte in ihrer Brutalität etwas Ästhetisches, etwas schaurig Schönes. War das die Sinnlichkeit und Erotik, die Cocteau und Picasso an dieser Atmosphäre und dieser Begegnung so fasziniert hatten?

Ich vermochte es nicht zu sagen. Später bin ich immer mal wieder zu einer *corrida* hingegangen. Es war, wenn ich mich recht erinnere, in Pamplona, wo wir mit einigen tausend Menschen und mit einer Mischung aus Neugier und Abscheu auf den Rängen saßen. Um uns herum Volksfest und religiöse Hingabe zugleich. Es war beklemmend, wie sich die kollektive Gespanntheit bis zur Ekstase steigerte. Als die Begegnung von *toro* und *torero* auf ihr blutiges Ende zulief, tauchte plötzlich der alte Hemingway wieder auf. Es war, als säße er neben mir und klopfte sich den Staub von der Stiefeln. Tatsächlich hatte die Szene etwas von der Erinnerung an den Tod mitten im Leben. Und wer will daran schon erinnert werden? Wer will das schon sehen, außer in der großen Oper, in Shakespeares Tragödien oder eben in der Hölle der Arena? Das war der Moment, in dem ich erstmals verstand: Die Inszenierung von Todesnähe war entscheidend, nicht der Tod selbst, sondern der Augenblick davor. Den Tod spüren, aber dabei Lebenslust empfinden.

Theoretisch hatte ich dies nun verstanden, doch im Herzen ist das bei mir nie angekommen. Diese schwer fassbare Verbindung von Faszination und Widerwillen ist bis heute geblieben und stellt sich zuverlässig ein, egal wie ästhetisch das Schauspiel inszeniert wird. Irgendwann später las ich folgende Bemerkung von Kurt Tucholsky: »Eine Barbarei. Aber wenn sie morgen wieder ist: ich gehe wieder hin.« Ich bin nicht ganz sicher, aber wahrscheinlich hat er Recht.

BRINDIS & FAENA

ATSUHIRO SHIMOYAMA »EL NIÑO DEL SOL NACIENTE«

El toro es mi vida

Ich finde auf dieser Welt keine Kunst in der Tiefe meines Seins wie die des Stierkampfes – meine Gefühle spüre ich nirgendwo in dieser Intensität wie hier bei den Stieren.

Den Stierkampf leben, das bedeutet eine Coexistenz von Freude und Leid. Keines unserer Leben existiert ohne Leid.

Anfangs hasste ich diesen Stier, der mich halbseitig gelähmt zurück gelassen hatte.

Aber heute – es mag paradox klingen – danke ich ihm. Und auch mir selbst. Dem Stier, weil er mir den Wert des Lebens gezeigt hat. Und mir, weil ich seine Botschaft verstanden habe und dieses Verstehen jeden Tag ein ums andere Mal lebe.

Ich lebe Tag um Tag mit der Freude und der Illusion, eines Tages wieder vor einen Stier zu treten und mit ihm gemeinsam in der Arena tanzen zu können.

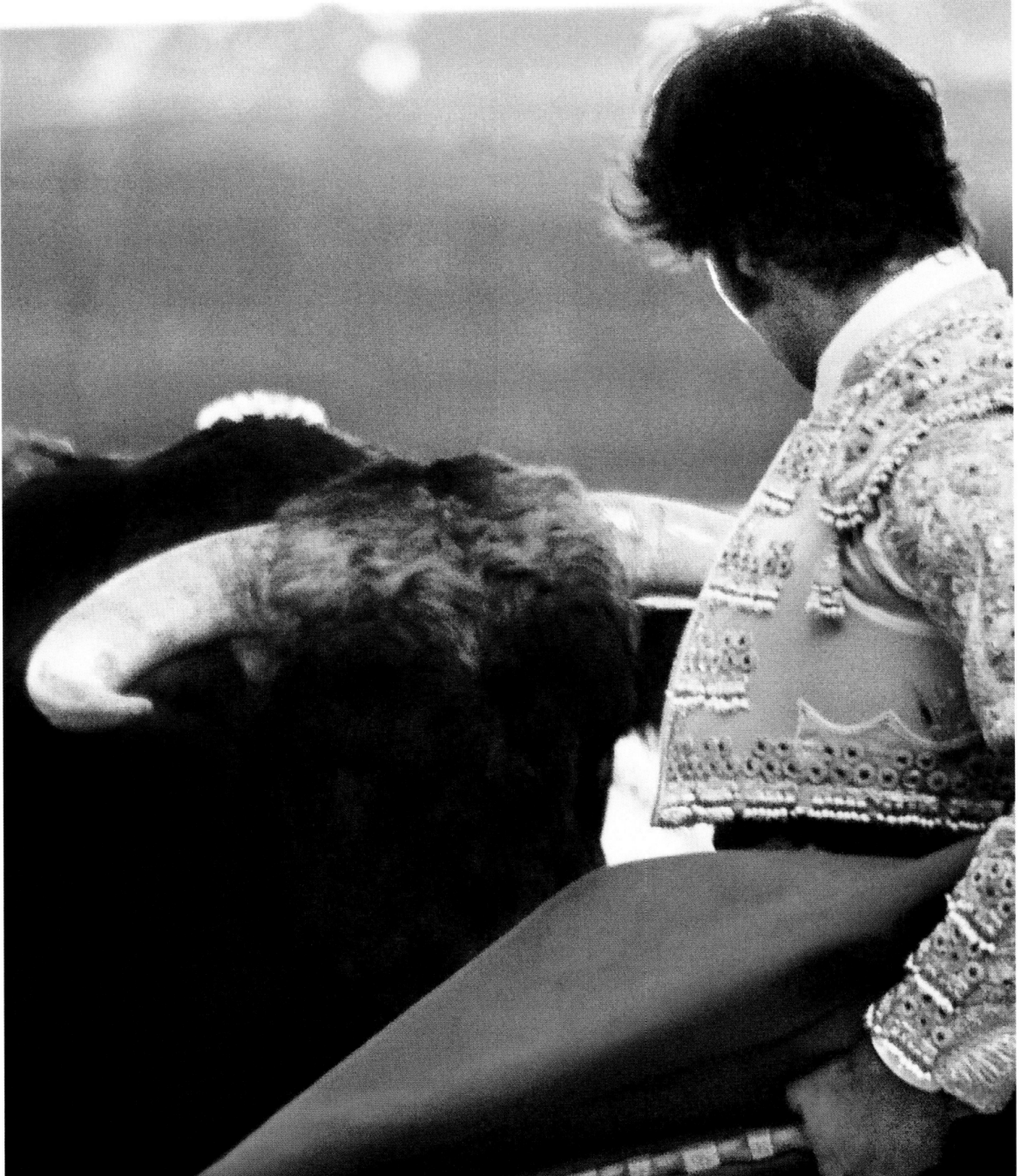

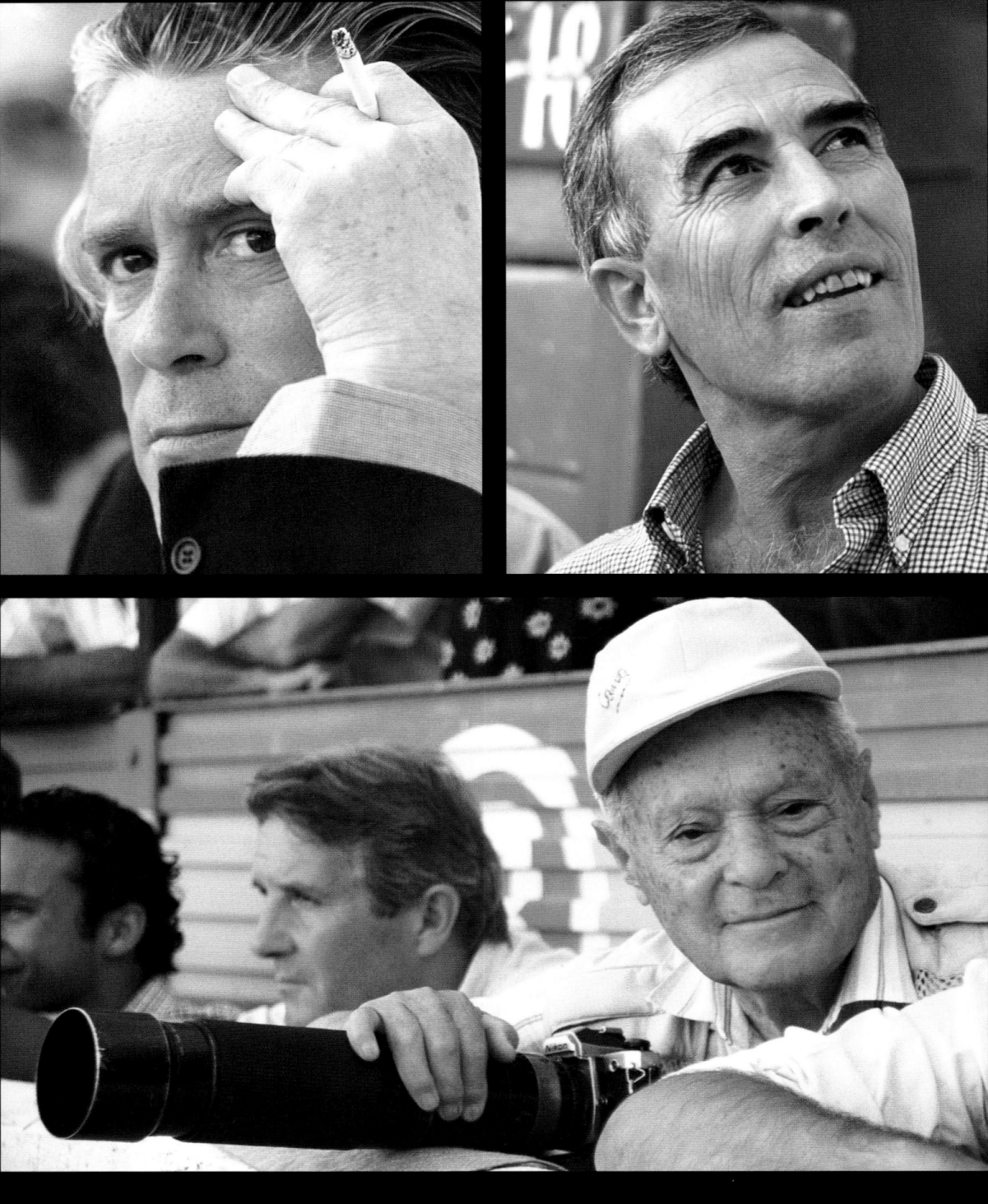

CAMPINO

Blutrot

Wenn ich dem Land Spanien
eine Farbe zuordnen würde,
dann wäre es rot.

Rot für den Stolz und die
Leidenschaft der Menschen.

Und rot für die Sonne
und das Blut in der Arena.

ESTOCADA

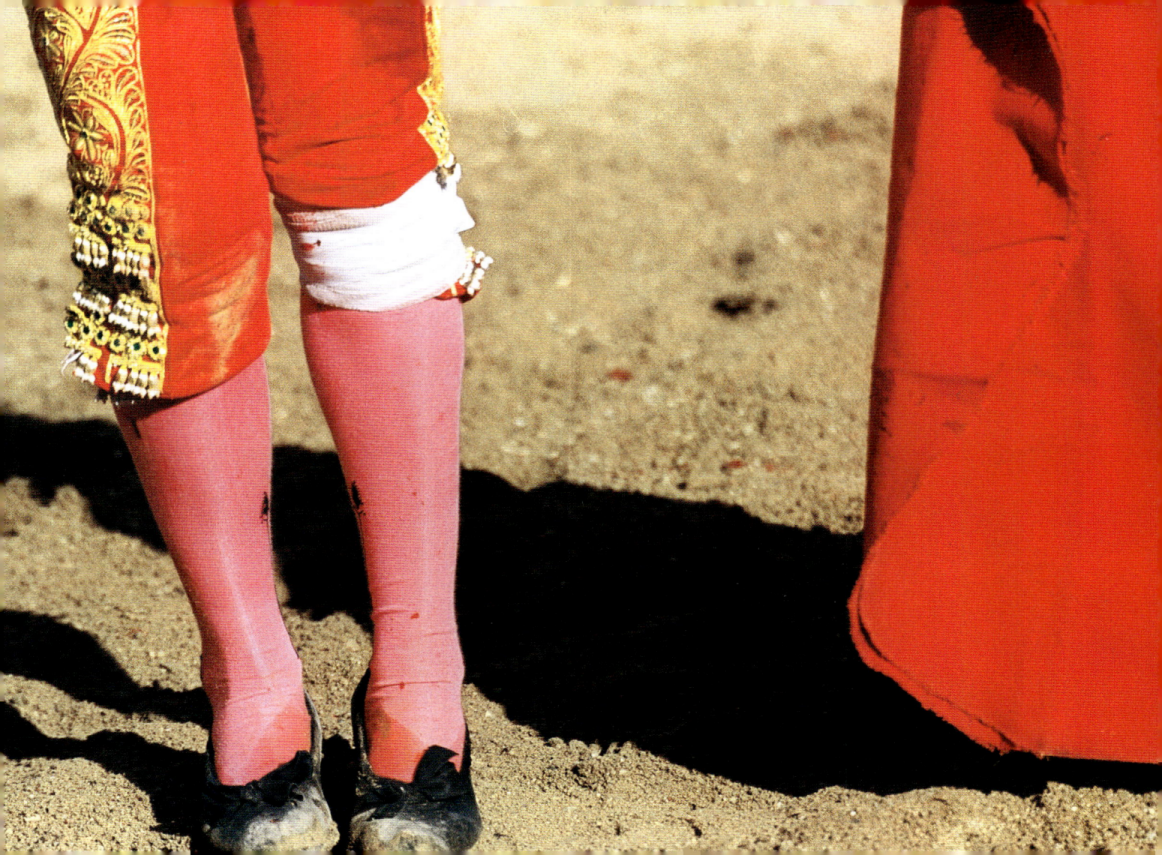

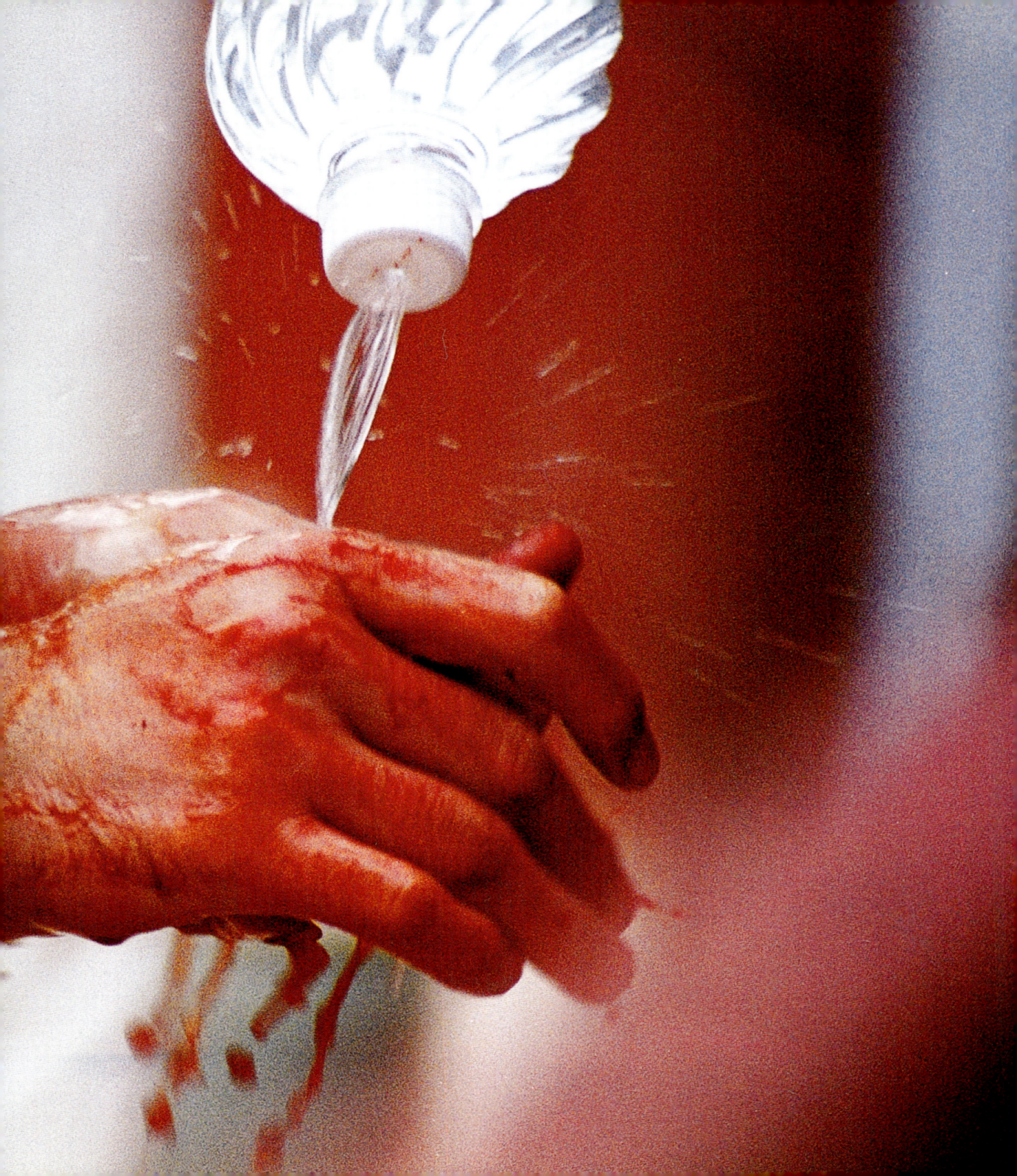

Die Meditationen des José Tomás

Es war vor gut zwanzig Jahren, an einem glutheißen Augustnachmittag in der Arena von Escorial. Hier erlebte ich meinen ersten, richtigen Stierkampf. Alles passte: das Publikum, der Rotwein, Käse, Oliven, das Licht, die Vorfreude. Bis dahin hatte ich, es muss auf Mallorca, in Leon und Santander gewesen sein, nur einige dilettantische Gemetzel gesehen. Damals hatte mich diese Sache mit dem Blut und dem Tod und der poströmischen Quälerei ohnehin nicht ernsthaft interessiert. Denn ich war, wie es einem durch Spanien trampenden jungen Mann zusteht, mächtig verliebt. Was kümmert einen da schon das Blut eines Stieres im wüstenbraunen Sand. In Escorial nun saß ich exponiert, genau über der Stelle am Ende des kahlen Ganges, durch den der Stier hindurch muss, bevor er sich auf die Menschheit einlässt. Bis zu diesem Moment hatte er ein feines Leben auf endlosen andalusischen Weiden hinter sich. Mit anderen zur Keuschheit verdammten Brüdern gammelte er durch ein Paradies aus mediterranen Aromen, frischem Quellwasser, gleißender Hitze, Schatten spendenden Steineichen, Herbstwinden, Winterregen und fraß sich voll mit Blutklee und Gras. Aus. Vorbei. Nun stand er zitternd hier in diesem Gang, während aus der Arena künstliche Düfte, verwirrender Lärm und quälende Vibrationen herüberdrangen. Lockend. Drohend.

Dann keuchte und fauchte es unter mir. Es hörte sich an wie die Geburt eines Teufels. Pechschwarz, glänzend vor Schweiß, bebend vor Nervosität, angepeitscht von einer unerlösten, fulminanten Wut, bahnte sich der 600 Kilo-Koloss seinen Weg in das, was ihm die Freiheit schien. Im spärlich bewässerten Sand des Colosseums stürmte er erst hierhin, dann dahin, so als suche er die Lösung eines Rätsels, das ihm dumpf aus dem Rund entgegen schallte. In der Mitte blieb er schließlich stehen – und musterte ganz ruhig die aufsteigenden Ränge hinter der hölzernen Absperrung. Alleine, gottverlassen, durchdrungen von einer düsteren Ahnung.

In diesem Moment geschah etwas Merkwürdiges in mir. Der Lärm wich einer unmenschlichen Ruhe, die Welt stand mit einem Ruck still. Das Bild, wie dieser Stier mit seinen tollkirsch-schwarzen Augen sein Schicksal fixierte, brannte sich in mein Gedächtnis ein. Und auf einmal symbolisierte dieser Stier den Beginn aller Schöpfung, das Eintreten Gottes in seine unwirtliche Welt. Er symbolisierte den Urgedanken und dieser war nackt, brutal, fulminant, roh, wild, maßlos, Furcht erregend, amoralisch und gnadenlos. Dieser archaische Besucher war keiner, der sich Gedanken leistete an den Sündenfall, die Sintflut, Zeus oder die europäische Dosenpfandregelung. Vor mir stand ein Tier von präbiblischer Grausamkeit. Es würde die Menschheit für weitere Jahrtausende in kalte Höhlen treiben. Dort versteckt könnten die Begabteren in ihrer traumatischen Not mattbunte Stierbilder in die Wände kratzen. Für einen Moment spürte ich schmerzlich, welche barbarischen Lüste, Gedanken, Nöte permanent in uns toben und wieviel Kraft es kostet, diesen inneren Vulkan ein Leben lang stillzulegen. Mag sein, dass wir damit einen Verrat an der Schöpfung begehen. Aber es gehört sich nun mal nicht, einen Kampfstier mitzunehmen, wenn man in der Ritz-Bar kurz einen »Mojito« kippen will.

Erst zwei, drei Stiere später kehrte ich in die Gegenwart Escorials zurück. Was ich dort sah, machte mir klar, dass es ein paar gestandene Kerle braucht, ein paar geschliffene Waffen und viel liturgische Intelligenz um Ordnung ins Chaos zu bekommen, um dem Drama der Zivilisation eine Form zu geben. Wenngleich ohne jede Aussicht auf wirklichen Triumph. Aber hier, an jenem Abend, erzählte mir der Stierkampf die lange Geschichte des Menschenwegs mit all der Schönheit und Traurigkeit, der Aussichtslosigkeit und Hoffnungsfreude, all den Lügen und Wahrheiten.

Im Sommer des Jahres 2000 dann reiste ich mit der Fotografin Anya Bartels-Suermondt für ein deutsches Magazin nach Madrid. Von dort aus begleiteten wir den Jahrhundert-Matador José Tomás zwei Monate lang quer durch dieses zauberhafte Land, vom hitzeversengten, andalusischen Süden hoch in die regensatten baskischen Pyrenäen, durch endlose Sonnenblumenfelder und Olivenhaine, entlang zackiger Bergketten und kalkweißer Windmühlen über den Ebro, durch winzige Dörfer mit Storchennestern bis ins Zentrum der Metropolen. Der wortkarge José Tomás, der mich an einen Truffaut-Helden erinnert, der in den Bars von St. Germain des Pres fesselnde Frauenbeine bewundert, zeigte mir eine andere Facette der Geschichte. Und hat dabei meine Ansichten über das Leben und über den Tod, mein Empfinden für Schönheit, Größe und Würde, nachhaltig verändert. Er hat mich das *duende* spüren lassen, jenen puren, ungerechten, mysteriösen, engelsflüchtigen, schaurigen Zauber, der nur dem Stierkampf, dem Flamenco und vielleicht noch Gott gehört. Dieser Mann, der im Drama des Stierkampfs versinkt wie gepinselte Ölfarbe in einem Gemälde, ließ mich teilhaben an allen Spielarten seines Sakraldienstes: Todesmut, Ästhetik, Angst, Triumph, Leichtsinn, Magie, Meditation, Besessenheit, Kapitulation, Konzentration, Einsamkeit.

Salamanca, es ist kurz vor 17 Uhr: Auf der Sonnenseite der Arena brennt die Luft. Schwarzhaarige, schmuckbehangene Damen fächern sich graziös Kühlung zu. An ihrer Seite zünden sich die Männer ihre erste Zigarre an. Dann schlägt die Stunde. Der Lärmpegel ebbt ab. Jetzt könnte die Welt untergehen oder der Krieg ausbrechen. Und? Nichts davon würde diese Versammlung im Krater der Arena auch nur im entferntesten interessieren. Es ist 17 Uhr und das ist die Stunde der Stiere.

José Tomás, der als zweiter *matador* an der Reihe ist, steht mit gesenktem Kopf in seiner goldfunkelnden Tracht im *callejon*, dem rundumlaufenden Gang der Arena, und durchlebt still und sehr einsam die immer neue Metamorphose eines normalen jungen Mannes zu einem spanischen National-Heiligen, der gleich das schwankende, schmale Seil betritt, das ihn über Triumph oder Tod führen wird.

Am diesem Tag der September-*feria* in Salamanca sollte José Tomás über sich hinauswachsen. Weil er mitten im Kampf einfach mit dem Kämpfen aufhörte. Sein Weg und der des Stieres trennten sich plötzlich. Der verletzte Stier trottete instinktiv Richtung Schatten und José Tomás lehnte sich diagonal gegenüber an die scharlachrote *barrera* und legte seinen Arm auf das Holz wie auf die Theke einer madrilenischen Flamencobar. Mensch und Tier schauten minutenlang aneinander vorbei, die 12000 im Publikum tobten vor Zorn. Ein Arena-Angestellter gab dem Stier schließlich den Gnadenstoß, während José Tomás durch die Hass erfüllte Menge nach draußen ging. Wie Jesus Richtung Golgatha.

Ich werde diesen Moment in meinem Leben nicht vergessen. Dieser *matador*, der sein ganzes Leben in den Stierkampf legt, sich für sein Publikum und dessen Projektionen opfert im wahrsten, klassischen Sinne, nie gesehene Gemälde in die zitternde Luft zaubert und wilde Stiere zu geliebten Verbündeten macht, um sie anschließend zu verraten, weigerte sich, diesen einen, seinen Stier zu töten. Hier war etwas passiert, was die Stierkampfwelt ganz, ganz selten erlebt.

Ich bewundere diesen José Tomás heute noch für diesen Mut zur Rebellion. Seine Miene während dieser endlosen Minuten drückte aus, dass der Kampf, unser aller Kampf, nicht zu gewinnen ist – auch wenn man ihn tausend Mal auf dem Fließband der Illusion zum Sieg umgedeutet hat. Es war eine Kriegserklärung an die Chuzpe des Humanismus. Es war das Eingeständnis unserer Ohnmacht. Aber es gibt einen geheimnisvollen Webfehler im Code der Schöpfung. Er lässt uns als Ausweg die Würde.

VUELTA

ANHANG

DIE AUTOREN

Diego »El Cigala«, gefeierte Flamencostimme und mehrfacher Grammy-Gewinner, wuchs im Rastro-Viertel Madrids auf. Mit 12 Jahren bekam er seinen ersten Preis als bester Nachwuchskünstler des Landes. Im Jahr 2002 präsentiert er das Album »Directo en el Teatro Real«, eine Aufnahme seines umjubelten Konzertes in der madrilenischen Oper und wird seitdem mit internationalen Preisen überhäuft, so z.B. für »Lagrimas Negras« mit dem kubanischen Pianisten Bebo Valdes: Grammy, Album of the Year-Award der *New York Times* sowie vier Platinplatten (Spanien, Argentinien, Mexiko, Venezuela). Mit seinem neuen Album »Picasso en mis ojos«, einer Hommage an Pablo Picasso, gewann er 2006 erneut den Grammy.

Prof. Peter Englund ist das jüngste Mitglied der schwedischen Nobel-Preis-Akademie. Gemeinsam mit 17 Akademie-Mitgliedern vergibt er den Nobelpreis für Literatur. Der in Uppsala lebende Schriftsteller und Historiker ist Professor für Literatur an der Universität Stockholm. Als Kriegskorrespondent arbeitete er in Kroatien, Bosnien, Afghanistan und dem Irak.

Peter Viertel, US-Amerikaner, legendärer Drehbuchautor der goldenen Jahre Hollywoods und verheiratet mit Filmschauspielerin Deborah Kerr, schrieb unter anderem Drehbücher für John Houston, Humphrey Bogart, Alfred Hitchcock und viele andere mehr. Aus seiner Feder stammen u.a. »Saboteure«, »The African Queen« mit Bogart und Katherine Hepburn; darüber hinaus auch »White Hunter, Black Heart«, das er zunächst für Ernest Hemingway schrieb und 1990 für die Verfilmung von Clint Eastwood überarbeitete.

Kristian Petri, geboren in Stockholm, studierte Philosophie und Literatur. Der Schriftsteller, Regisseur und Dokumentarist (»Tokio Noise«, »The Well«) wurde unter anderem in Cannes für sein Film-Epos »Sommaren« gefeiert, und für die beste Regie in Schweden mit dem renommierten »Swedish Film Award Guldbagge« ausgezeichnet.

Fabio Capello, ein Fußballtrainer aus Turin mit außergewöhnlicher Bilanz. Der ehemalige Spieler der italienischen Nationalmannschaft – sein goldenes Tor führte zum ersten Sieg Italiens im Wembley-Stadion – errang als Trainer u.a. sieben italienische Meistertitel. Der hoch gehandelte Coach, der schon beim AC Mailand, AC Rom und bei Juventus Turin arbeitete, trainiert zur Zeit Spaniens Real Madrid.

Prof. Heinz Berggruen (*1914, Berlin - † 2007, Paris), enger Freund von Pablo Picasso, war einer der bekanntesten Kunstsammler der Welt. Nach seiner Rückkehr aus der Emigration in den USA gründete er nach dem zweiten Weltkrieg in Paris eine Galerie, die mit Exponaten von Picasso, Matisse, Cézanne und Paul Klee schnell große Reputation erlangte. Seit 1996 befindet sich die Prof.-Berggruen-Sammlung, eine Schenkung an den Bund, im Berliner »Museum Berggruen«. Seinen Text für dieses Buch verfasste er wenige Monate vor seinem Tod

Paul Simonon ist Brite, Musiker und Maler. Paul ist als Ex-Bassist der Kult-Band »The Clash« die Ikone einer ganzen Generation Punk. Seit seiner frühesten Jugend ist er aber einer weiteren Kunst tief verbunden: Der Malerei. Der in London lebende Künstler wurde für seinen Gemälde-Zyklus »From

Diego »El Cigala« | Prof. Peter Englund | Peter Viertel | Kristian Petri | Fabio Capello | Prof. Heinz Berggruen | Paul Simonon

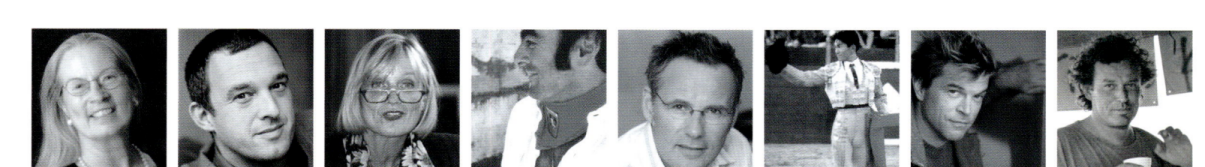

Lore Monnig · Albert Ostermaier · Anne Linsel · Noel J. Chandler · Reinhold Beckmann · Atsuhiro Shimoyama »El Niño de Sol aciente« · Campino · Wolf Reiser

Hammersmith to Greenwich« in der britischen Presse gefeiert. Aktuell legten Simonon & Band im Frühjahr eine Musikproduktion vor, mit der sie völlig neue Wege beschritten: »The Good, The Bad and the Queen«. Außerdem arbeitet Paul an seinem nächsten Gemälde-Zyklus – Thema: Stierkampf.

Lore Monnig, geboren in St. Louis, Missouri, lebt in Greenwich Village, New York City, in einer dreistöckigen ehemaligen Parkgarage, ihr Haus gleicht einer Mischung aus Stadtpalast und Kunstmarkt. An der Wall Street arbeitet Lore Monnig seit drei Jahrzehnten als Brokerin. Ihre Liebe zur *corrida* entdeckte sie in während ihres Studiums in Paris.

Albert Ostermaier, geboren 1967, Lyriker und Dramatiker, lebt in München und Wien, wo er Hausautor des Burgtheaters ist. Der renommierte Autor erhielt zahlreiche Auszeichnungen, darunter den Kleist-Preis. Zuletzt erschien im Suhrkamp Verlag der Gedichtband *Polar.*

Anne Linsel, geboren in Wuppertal, ist Kulturjournalistin, Filmautorin, Moderatorin und Publizistin, u.a. für die *Süddeutsche Zeitung*, den WDR und ARTE. Linsel war bis 1989 Moderation des ZDF-Kulturmagazins *Aspekte*, bis 2004 Gastgeberin bei *Zeugen des Jahrhunderts*. Über dreißig Filmdokumentationen tragen ihre Handschrift, u.a. »Pablo Picasso – eine Legende« (ARD) und »Pina Bausch« (ARTE).

Noel J. Chandler, geboren in Wales, ist Unternehmer, Kosmopolit, Bohemien und lebt seit 1995 in Madrid. Chandler ist seit Jahren auf der ganzen Welt zuhause, lebte unter anderem in London, Singapur und New York sowie zehn Jahre in Kingston Town. Vierzig Jahre lang, selbst während seiner Zeit auf Jamaika, flog er alljährlich nach Spanien, um an den legen-

dären *encierros*, den Stierläufen in Pamplona, teilzunehmen. Der walisische Gentleman ist Ehrenbürger der Stadt Pamplona.

Reinhold Beckmann, Journalist, Filmemacher, Kolumnist, leidenschaftlicher Hobby-Musiker und Fußballfan war Sportchef von Premiere und SAT1 und moderiert heute u.a. die wöchentliche ARD-Talkshow »Beckmann«. Als TV-Sportkommentator erhielt er u.a. die »Goldenen Kamera« und den »Bayerischen Fernsehpreis«. Er ist Gründer des Vereins »Nestwerk e.V.«, der sich für sozial benachteiligte Jugendliche in Hamburg einsetzt.

Atsuhiro Shimoyama »El Niño de Sol naciente«, geboren in Saitama-Tokio, lebt heute in Sevilla. Er war Ballett-Tänzer in Japan, als ihn ein Film über den Stierkampf nach Spanien lockte. Schnell lernte er das Handwerk des *toreo.* 1995 verletzte ihn der Stier »Vergonzoso« schwer, der seitdem halbseitig gelähmte Japaner ist heute mehrfacher Gold-Medaillengewinner bei den spanischen Paralympics im Fechten.

Campino, geboren in Düsseldorf, lebt am Rhein und in Berlin. Eingängiger Kopf, kluger Denker und schlagendes Herz der deutschen Kult-Punk-Band »Die Toten Hosen«. Campino debütierte im Sommer 2006 in Berlin als Theaterschauspieler; unter der Regie von Klaus Maria Brandauer verkörperte er in Brechts »Dreigroschenoper« den Protagonisten »Mackie Messer«.

Wolf Reiser, geboren auf der schwäbischen Alb, ist Wahlmünchner, Journalist und Drehbuchautor. Der studierte Theater- und Literaturwissenschaftler verfasst Reisebücher, Filmskripte und satirische Texte. Journalistische und literarische Arbeiten u.a. für *TransAtlantik, Stern, Zeit-Magazin, FAZ, Cosmopolitan, Playboy, Vogue, Rolling Stone, Elle, Maxim, Madame* und *ADAC Reisemagazin.*

DANKSAGUNG

Gracias

- Matthias – Für eine Zeit in Madrid und für vieles mehr.
- Allen *matadores* & *toreros* – für die Momente der Magie und Passion in den Arenen.
- Sowie besonders: Antonio Pérez »El Pere« (*1965 – †2004) *¡que descanse en paz!*, Ángel Gallego, Antonio Corbacho, Arturo Beltrán, Curro Vázquez, Enrique Patón, Familie Nuñez de Cuvillo, Javier Conde, José Luis Bote, José Miguel Arroyo »Joselito«, José María Manzanares, José Tomás, José Pacheco, Juan López, Luciano Núñez, Luis Francisco Esplá, Manuel Díaz »El Cordobés«, Manolo Chopera (*1927 – †2002) *¡que descanse en paz!*, Manuel Caballero, Manolo Tornay, Mariano de la Viña, Miguel Cubero, Oscar Chopera, Olivier Baratchart, Paco Dorado, Pedro Balañá, Pepe Triguero, Simon Casas, Victorino Martín & Modesto, Victoriano Valencia, Vicente Yesteras – für das Öffnen der Türen, ihre Geduld, Liebenswürdigkeit und all die *pases de callejon!*
- Pimpi de Albacete & Rambo – stellvertretend für das Heer der professionellen Helfer und Persönlichkeiten in den Arenen.
- Paco Haro, »La Mezquita«, Guarroman Linares, (*»¡Somos Guarromanticos!«*)
- Lolly, José Luis, Manolo, Aparicio, Fabian, Roberto, Miguel & Co, »El Viña P«, Madrid
- Manolo Márquez, »La Hosteria der Laurel«, Sevilla
- Txomin Rekondo, »Rekondo«, San Sebastian - *»¡por sentirse en casa!«*
- Allen Autoren – für ihren kreativen Einsatz und ihre so außergewöhnlichen Beiträge in diesem Band.
- Der Verlegerin Anja Heyne - für »Das ist Musik!« und ihr »Ja« zur *corrida*.
- Margit Ketterle – für ihr immenses Engagement, ihren Wortwitz und ihr »No worries!«
- Meiner Lektorin Heike Gronemeier – für ihre Passion und Standhaftigkeit. Und für ihren Humor!
- Leonie, Rosa Charlotta, Cayetana, Paulina und Brandon-Felipe – für eure Nähe und für euer Lachen!
- Sowie: Boris.; Baltasar Magro, Carlos & Angela, Dominik Wichmann, Don Pedro Solís, Don Antonio Álvarez-Barrios, Edith Lange, Ellen Suermondt, Fernando Fernández Román, Philip & Ida, HW Pausch, Julietta & Basti, Juan Verdú, José Manuel Fernández Cobo, Jens & Angelika, José Carlos Arévalo, Julian Chivite, Luis Sánchez Casas, Lourdes Cossío, Mami & Papi, Mathias Franck, Miguel Ángel Moncholi, Olivier Hiquet & Karine Pons, Paco Castelló, Peter & Amelie, Peter Fritz, Pedro Anacker, Rafael Vallejo Sanchez, Sabine Dohme, Tom Kallene y La Gran Teresa Vallejo! – für ihre Unterstützung und ihre Leidenschaft für die Fotografie.
- *Hasta siempre:* Jochen Filser – da ist ein Mensch. Wolfgang Korruhn – en memoriam; damals wie heute der Maestro.

¡Va por ustedes!

Anya Bartels-Suermondt

IMPRESSUM

Text von Fabio Capello aus dem Italienischen übersetzt von Christel Galliani

Texte von Prof. Peter Englund & Kristian Petri aus dem Schwedischen übersetzt von Dr. Annika Krummacher

Texte von Noel Chandler, Lore Monnig & Paul Simonon aus dem Englischen übersetzt von Henriette Zeltner

www.collection-rolf-heyne.de

Copyright © 2007 by Collection Rolf Heyne GmbH & Co. KG

Fotografie © by Anya Bartels-Suermondt

Alle Rechte, insbesondere das Recht der Vervielfältigung und Verbreitung, vorbehalten. Kein Teil des Werkes darf in irgendeiner Form (sei es durch Fotokopie, Mikrofilm oder ein anderes Verfahren) ohne schriftliche Genehmigung reproduziert oder unter Verwendung elektronischer Systeme vervielfältigt oder verbreitet werden.

Umschlaggestaltung & Layout: Hauptmann & Kompanie, München – Zürich

Grafische Gestaltung: Werbeagentur Sabine Dohme, Neuried

Lithografie: Lorenz & Zeller, Inning am Ammersee

Druck und Bindung: Printer Trento

Printed in Italy

ISBN 978-3-89910-349-6